끌리는 나를 만드는 셀프 브랜딩

끌리는 나를 만드는 셀프 브랜딩

초판 1쇄 발행 | 2023년 4월 6일

지은이 | 최이슬
펴낸이 | 김지연
펴낸곳 | 생각의빛

주 소 | 경기도 파주시 한빛로 70 515-501

출판등록 | 2018년 8월 6일 제 406-2018-000094호

ISBN | 979-11-6814-031-8 (03190)

원고 투고 | sangkac@nate.com

ⓒ최이슬, 2023

* 값 14,500원

* 생각의빛은 삶의 감동을 이끌어내는 진솔한 책을 발간하고 있습
니다. 참신한 원고가 준비되셨다면 망설이지 마시고 연락주세요.

끌리는 나를 만드는 셀프 브랜딩

최이슬 지음

생각의빛

Part. 1 브랜드 : 상대방의 인식 속에 각인 된 '나'

제1장 모든 사람은 브랜드를 가지고 있다
사는대로 사는 사람들 … 11
콘셉트 없는 브랜드는 빛 좋은 개살구다 … 18
누구나 브랜드는 있다 … 25
내가 곧 브랜다 … 29

제2장 나다움을 찾는다는 것
셀프 브랜딩의 시대, 자기소개의 클리셰에서 벗어나자 … 32
나는 단점을 매일 바꾼다 … 37
나는 빠르게 실패하는 사람이다 … 42
특별한 사람들의 세 가지 특징 … 46

Part. 2 보통의 나를 있어 보이게 만드는 법

제1장 몸값 2배 올리는 셀프 브랜딩
대단하지는 않지만 끌리는 나를 만드는 비법 … 52
'그런 척'하면 '그런 사람'이 된다 … 56
내 안의 브랜드 정체성 깨우기 … 61
찌질이에서 강사, 브랜딩 코치 대표로 … 68

찐 능력자로 인정받는 '메타인지' … 74

제2장 프로 N잡러 : 나를 어필하라

겸손의 시대는 지났다 … 81

지금은 나를 PR하는 시대 … 85

어쩌다 보니 N잡러 … 89

직업이 여러 개라고 N잡러는 아니야 … 94

나를 어떻게 잘 활용할 것인가? … 97

제3장 직장 내 핵심 인재로 거듭나는 성공비법

철저한 자기관리만이 살아남는다 … 103

하기 싫은 일 일수록 더 빨리 해치워라 … 112

일잘러는 출근부터 다르다 … 116

일 잘하는 사람의 7가지 특징 … 120

Part. 3 나는 나를 브랜딩하기로 했다

제1장 끌리는 나를 만드는 이미지경영

지금 이미지메이킹을 해야 하는 이유 … 127

개떡 같은 첫인상도 살리는 이미지경영, 포트폴리오 … 132

유어셀프 종목에 성공하는 투자 전략 5단계 ··· 137

'나'에 대해 생각하고, '나' 자신을 분석하고, 연구하라 ··· 142

나만의 시그니처룩 ··· 148

스타일링 하나만 바꿔도 이미지가 바뀐다 ··· 152

제2장 나를 빛나게 하는 태도 경영

내 삶을 대하는 나의 태도 ··· 156

시들지 않은 아름다움, 내면의 힘 ··· 160

자존감을 높이는 방법 5가지 ··· 163

사람의 마음까지 사로잡는 경청의 기술 ··· 172

표정의 시그널을 잡아라 ··· 176

시그널의 오류, 그 갭을 줄여라 ··· 179

1회성 고객을 내 편으로 만드는 비밀 ··· 183

멋지게 늙어가는 방법 ··· 189

Part. 1

브랜드 :
상대방의 인식 속에 각인 된 '나'

제1장
모든 사람은 브랜드를 가지고 있다

사는 대로 사는 사람들

　나의 대학 시절 삶의 모토는 '흐르는 대로 살자'였다. 내일보다 오늘, 지금 '현재'가 더 중요한 사람, 그게 바로 나였다. 그 생각은 아마 대학에 진학하게 되면서부터 시작되었던 것 같다. 작가가 꿈이었던 나는 직업을 삼지 못한다는 한계에서 스스로 유턴을 할 수밖에 없었다. 부모님께서 반대했던 탓도 있었지만, 나 자신도 밥 벌어 먹고살기엔 무리인 재능이라고 생각했다. 그래서 별생각 없이 담임선생님께서 추천해주신 치위생과에 원서를 넣었다.

　치위생과가 무슨 과인지, 치위생사는 무슨 일을 하는지, 가게 될 학교 이름도 사실 원서 쓰면서 알게 되었다. 그저 취업만 하면 되었기에 학교 이름은 크게 상관치 않았다. 그 지역 사람이라면 당연히 그 학교의 존재를 알았겠지만, 나는 그저 이름 없는 대학에 가는 기분이었다. 처음에는 그런 기분을 전혀 느끼지 못했는데 졸업식 당일에 고등학교 주변에 달린 플랜카드를 보며 많은 것을 느꼈었다. 서울대, 고려대, 경희대 등 지금은 잘 기억나지 않지만 내로라하는 대학에 합격한 이들의 이름을 걸어놓은 플랜카드를 보며 나는 실패한 삶을 살고 있는가 생각했던 것 같다. '어디든 진학해서 잘 살면 됐지.'라는 내 생각은 그때부터 자격지심이 되었다.

원하지 않은 대학교, 원하지 않은 학과는 겉돌기에 최적화되었다. 학교는 갔지만, 수업은 듣지 않았다. 새벽까지 아르바이트를 하고 사람들과 어울리며 밤낮이 바뀌어 강의 시간 내내 조느라 무슨 내용인지 알지 못했다. 굳이 열심히 들어야 할 이유도 찾지 못했고. 3년제 학과라 3년 내내 수업이 있었고, 수업이 있으니까 출석했고, 시험이 있으니 치렀고, 놀고 싶어 돈벌려고 아르바이트했다. 국가고시를 준비하면서도 합격하면 하고, 안되면 다른 일을 할 생각이었다.

하루하루 흐르는 대로 시간을 펑펑 썼다. 정말로 나는 아무 생각 없이 대학을 다녔다. 3년 내내 같은 반인데도 대화를 한 번도 하지 않은 동기도 있었고, 얼굴을 모르는 동기도 많았다. 나는 대학 생활 내내 깨어있었던 적이 잘 없었다. 3학년 2학기가 되면서 대형 치과에 면접 보고 온 동기들이 한데 모여 면접 이야기를 나누며 수다를 떨어도 그저 남의 일만 같았다.

그렇게 아무 생각 없이 지내다가 우연히 졸업 전에 교수님 추천으로 취업에 성공했다. 지금 생각해보니 이력서도 없이 맨손으로 방문했었다. 치위생사로서의 취업에 대한 의지는 없었지만, 본의 아니게 채용되어 1월 2일부터 출근하게 되었다. 반에서 가장 무기력했던 사람이 가장 먼저 취업을 한 것이다.

취업하고 나서도 무언가 계획을 한 것이 아니라 의식의 흐름대로 일했다. 아침에 일어나 출근해야 하니 출근했다. 바쁜 치과에 근무하게 되어 힘들기도 했고, 그만두고 싶었지만 '그만두겠다고 뭐라 말하지?'라는 생각에 이유를 찾고 고민하는 것조차 귀찮아서 출근과 퇴근을 반복하다 보니 1년이라는 시간이 지났다. 2년 차가 되며 겨우 그만둘 수 있었는데, 그때부터 생각이 조금 달라졌다. 이렇게 살면 안 되겠다는 생각이 강하게 들었다.

하지만, 퇴사하고 새로운 직장에 취직하고도 나는 바로 변하지 못했다. 생각 한편에는 나에 대한 고민이 차곡차곡 쌓여갔지만 사람이 바뀐다는 건 쉽지 않은 일이었다. 그렇게 직장인 4년 차에서야 비로소 나는 변화할 수 있었다.

변화의 계기는 아이러니하게도 나쁜 마음에서 시작되었다. 같이 일하는 상사의 간섭이 너무나도 듣기 싫어서 반박하려고 공부하기 시작했다. 어떻게 해서든 내가 옳다는 것을 증명하고 싶었다. 그러기 위해선 내가 먼저 '정확히', '잘' 알아야만 했다. 그렇게 나는 몸소 움직이기 시작했다. 교육을 들으러 무려 광주에서 서울까지 이동하며 큰돈과 시간을 썼지만, 그때의 투자는 지금의 나를 있게 만들었다고 자부한다. 이 일을 계기로 나는 변화의 계기가 꼭 긍정적이고, 좋은 마음이어야만 된다는 생각을 버렸다. 계기 자체가 어쨌든 내가 긍정적이고, 좋은 쪽으로 변화만 하면 되는 것이라 생각한다.

그렇게 나를 한번 바꿔놓으니 나의 궤도가 달라졌고, 하루 일상이 달라졌다. 교육받으며 강사들을 많이 접하고 나니 강사라는 직업이 매력적으로 다가왔고, 강사가 되기 위해 직접 교육에 뛰어들었다. 강의를 하면서 나는 또 퀀텀점프 했다. 강의를 하기 위해서는 내가 그 분야에 대해 더 잘 알고 있어야 했기에 더 많이 공부하고 노력했다. 그 시간들이 나를 더 성장하게 만들어주었다.

소속 강사가 되어, 강의를 하다보니 소속 아카데미에서 진행하고 있는 병원 컨설팅에도 관심이 생겼다. 자연스럽게 나도 병원 컨설턴트 과정을 수료하게 되었고 컨설팅 일도 하게 되었다. 물론 이러한 경험이 나를 성장하게 만들어 주었지만 아무 생각 없이 그대로 그들의 환경 속에서, 그들이 하는 대로만 따라가다 보니 또 나를 잃고 말았다.

컨설턴트라는 직업이 과연 내가 하고 싶었던 일이었는가? 하면서 내가 행복했던가? 스스로에게 질문을 던졌다. 다행이게도 아니라는 결론은 빠르게 내릴 수 있었다. 나는 또 사는대로 생각하고 있었다.

내 삶을 주도적으로 살기 위해서는 항상 의식이 깨어있어야 한다. 강한 멘탈을 타고 나는 사람은 없다. 강한 정신력을 갖기 위해 매일 부단히 노력해서 얻은 결과일 뿐이다.

주변의 영향력에서 벗어나 주도적인 삶으로 들어서려면 나를 계속 깨워야 한다. 내가 스스로 만들 수 없다면 그러한 환경 속에 나를 몰아넣어야 한다. 이때 그 환경은 내가 선택해야 한다. 부자가 되고 싶다면 부자 동네에 가서 살아야 하지만, 어떤 식으로 부자가 될지 정도는 내가 선택해야 한다. 내 삶에 우연히 들어온 직업, 사람, 꿈들을 수동적으로 맞이한다면 내 선택이 아니라 주어진 대로 사는 것이다. 물론 그로 인해 내가 더 성장하고, 나도 모르게 내 삶 깊숙이 들어와서 내 인생의 전부가 될 수도 있다. 하지만 모두가 그렇지는 않다. 단순히 운이 좋아서 좋은 결과를 얻을 수도 있다. 하지만, 결과가 좋다 하더라도 내가 행복하지 않다면 그건 잘못된 선택이다. 지금보다 더 나은 사람이 되고 싶다면, 지금과는 다르게 살고 싶다면 새로운 궤도에 들어서야 한다.

빨리 변화하는 사람은, 누구보다도 빠르게 변화를 받아들이는 사람이다. 변화에 성공하는 사람은 본인이 되고자 하는 환경에 본인을 맞추는 사람이다.

우리나라는 꽤 어린 나이에서부터 영어를 시작하게 된다. 초등학교 때부터 고등학교 때까지 정규과정에 속해있고, 대학마다는 다르지만, 교양으로도 배우게 된다. 그렇다면 우리나라 국민 대부분은 원어민처럼 영어를 사용할 수 있을까?

미국에 몇 년 살다 와야 가능하다. 사실 미국에서 살다 와도 한인타운에만 있게 되면 영어를 유창하게 사용하지 못할 수 있다. 새로운 환경에 놓이면 거기서 하는 말과 행동이 곧 정체성이 되는데, 한인타운은 그렇지 못하기 때문이다.

새로운 환경에 나를 '새로' 세팅해보자. 내가 유능한 강사라고 새로운 집단에 소개받으면 나는 유능한 강사가 되고, 내가 부동산에 성공한 알부자라고 소문이 나게 되면 나도 모르는 사이에 그런 사람인 줄 알 것이다. 먼저 인사를 하면 친화력이 있는 사람인 줄 알고, 먼저 문제를 해결하려고 하면 리더십이 있는 사람인 줄 알 것이다. 그렇게 인식하는 환경이 나를 그런 사람으로 만든다.

환경이 나를 결정한다면, 나는 그 환경을 기꺼이 선택하면 된다. 그 환경에서 나를 어떻게 '포지셔닝'하느냐가 바로 퍼스널브랜딩의 성패 여부가 될 것이다. 그리고 단순히 position(위치)에서만 존재하는 것이 아니라 내 자체가 'role(역할)'이 된다면, 우리는 그 사람을 업계에서 독보적인 사람이라고 한다. 이를테면 유재석, 강형욱, 오은영 박사와 같이 말이다.

보통의 사람이 될 것이냐, 독보적인 사람이 될 것이냐를 선택할 수 있는 첫 번째 갈림길에서 후자를 선택할 수 있는 키 포인트는 '사는 대로 살지 않는 것'. '나'에 대해 누구보다도 고민하고 연구해, 내가 존재하는 환경을 만드는 것이다.

'생각대로 살지 않으면 사는 대로 생각하게 된다'라는 유명한 말이 있다. 프랑스의 소설가 폴 부르제(Paul Bourget)가 1914년 《정오의 악마》라는 책에서 한 말이다.

지금의 나의 모습이 혹시 과거에 생각했던 나의 모습과 일치하는가? 나의 목표를 생각하며 살면, 나의 미래는 지금 내가 상상하고 바라는 모습이 될 것이다.

콘셉트 없는 브랜드는 빛 좋은 개살구와 같다

많은 1인 기업, 소규모 기업, 스타트업을 시작하는 사람들이 콘셉트와 브랜딩으로 혼란스러워하고 힘들어한다. 처음 화려하게 시작한 것과 달리, 목표한 것과 달리 자꾸만 다른 곳으로 가는 것을 보며 무엇이 문제인지 고민한다. 하나하나 뜯어보면 나쁘지 않은데 전체를 보면 뭔가 어수선한 느낌. 바로 콘셉트가 없는 것이다.

'콘셉트'란 사전적 의미로 개념, 관념을 의미하는 영어단어다. 어떤 상품이나 예술작품의 아이디어, 개발 의도, 주제 등 관념적인 것들을 의미하는데 쉽게 말해서 '나, 이런 느낌적인 느낌으로 갈 거야'라는 것을 드러내는 것이다.

나는 21년 2월, 액세서리 스토어 '뚜뜨'를 런칭했다. 몇 가지 샘플과

디자인을 가지고 사업계획서를 작성하면서부터 사업은 시작되었다. 혼자 뛰어든 사업이다 보니 상품의 상세 컷 촬영 후 업데이트까지 모두 가내수공업으로 진행되었다. 콘셉트나 브랜딩 등 아무것도 모르고 그냥 주먹구구식으로 제작하고 올리는 것이 전부였다.

정해진 툴이 없으니 상품의 느낌도 다 제각각이었고, 의도치 않게 빈티지한 느낌도 났다. 제품과 촬영한 소품들은 제품을 더 돋보이게 해야 하는데, 무엇을 위한 소품인지 모른 채 그냥 옆에다 두고 촬영했다. 괜찮은 듯 이상한 듯 애매한 느낌들의 상품들을 보며 고민이 많아졌다.

제품은 눈에 띄지 않고 경쟁력이 부족했다. 세련된 느낌의 액세서리를 원해서 직접 제작을 시작했던 것인데 결과물은 내가 생각한 것과 거리가 멀었다. 한 달, 또는 두 달 동안 주문이 0건인 날도 있었다. 이대로라면 지인팔이밖에 안될 것 같아 폐업에 대해 고민도 하기 시작했다. 이때가 오픈한 지 6개월쯤 되었을 때다.

폐업을 고민하다 보니 부족한 부분이 눈에 띄기 시작했다. '이 정도면 적당한데?'라고 생각했던 것들이 거슬리기 시작했다. 그렇게 뚜뜨의 방향성에 대해 다시 생각하기 시작했다.

'귀엽긴 한데, 내가 생각하는 뚜뜨가 이 이미지가 맞는 걸까?'

뚜뜨에서 가장 부족한 것은 무엇인지, 뚜뜨에서 발전 가능성이 있는 부분은 무엇인지, 뚜뜨의 색은 무슨 색일지 고민에 고민을 거듭했다. 고민의 결과, 나는 딱 네 가지를 더 노력해보기로 했다.

1. 제품 촬영

2. 제품 상세페이지

3. 주력상품

4. 브랜딩

이것저것 시도해보고 변화의 변화를 거쳐본 결과 앞서 말한 '4가지'에 집중하는 것이 브랜드 성장에 도움이 됨을 체감했다.

1. 제품 촬영

제품이 한눈에 잘 들어오도록 촬영에 신경 썼다. 예전에는 분위기를 신경 쓴다고 이것저것 소품을 활용했다면, 현재는 상세 컷 위주로 먼저 촬영해서 제품의 품질을 돋보이게 하고, 이후에 착용 컷을 분위기 있게 스타일링 해서 촬영하는 방법으로 변경했다.

물론 이렇게 촬영하려면 조건이 있다. 첫째, 낮 1시~2시 사이 자연광이 들어오는 곳에서 촬영할 것. 둘째, 테이블이 깨끗하고 사용감 없는 흰색 테이블일 것, 셋째, 카페 사장님의 동의 하에 제품 촬영이 가능한 곳일 것.

집에서는 촬영이 여의찮아 발품을 팔아 촬영 장소를 찾았는데, 이 모든 것을 충족시키는 곳은 단 한 군데의 카페밖에 없었다. 그마저도 자리를 잘못 잡거나, 그늘이 져버리면 그날 촬영은 철수해야만 했다.

이러한 각고의 노력 끝에 제품 촬영하는 방법을 바꾸니 스토어의 분위기는 자연스럽게 변화되었다. 10개월 차에 접어든 뚜뜨 스토어는 꽤 많이 깔끔해졌으며 세련된 무드를 가지게 되었다.

2. 제품 상세페이지

제품 촬영에 신경 쓰고 나니, 그다음 해결해야 할 것이 바로 보였다. 바로 '제품 상세페이지'다. 이전의 상품 페이지는 별다른 코멘트 없이 사진만 올리고, 몇 글자 적은 것이 다여서 매력적이거나 끌리는 맛이 없었다. 어차피 부업 정도라고 생각했기 때문에 이 정도면 충분하다고 생각했고 그럭저럭 만족스러웠었다.

그런데, 사실 그게 문제였다. '대충', '그럭저럭', '이 정도면', 이라는 마법에 걸려서 이도 저도 아닌 애매한 것을 만들어버린 것이다. 브랜드는 명확해야 한다. 사람들 머릿속에 명확히 각인될 수 있어야 한다. 코카콜라는 북극곰이 떠오르고, 맥도날드는 피에로가 떠오르는 것처럼 '뚜뜨' 하면 떠올릴 수 있는 무언가가 필요했다.

별것은 아니더라도 오타를 수정했고, 멘트들과 줄 간격을 조금 더 깔끔하게 정리했다. 또, 달랑 사진만 올리던 지난날과는 다르게 상세페이지를 신경 써서 작성했다. 많은 글을 추가하진 않았지만, 정돈된 것만으로도 눈에 잘 들어오게 되었다.

고객들이 과연 무엇을 궁금해할까? 생각해보니 다른 사람들의 후기였다. 나도 무언가 구매를 할 때 다른 사람들의 후기를 보는 것처럼 내 상품을 구매하려고 하는 사람들도 실제 착용샷이나 후기를 궁금해할 것이라고 생각했다. 그래서 고객님들의 후기사진을 모아 깔끔하고 보기 좋게 꾸며 상세페이지에 함께 올렸다. 아니나 다를까 고객들의 반응이 이전보다 더 좋아졌다. 보기 좋은 떡이 맛도 좋다고 했던가? 보기에 좋으니 판매율도 덩달아 올랐다.

3, 주력상품

판매는 물건을 합당한 값을 받고 판다는 것을 의미한다. 상품이 잘 판매되려면 먼저, 상품성이 있어야 한다. 나의 자체 제작 상품들이 상품성이 충분한지부터 확인해야 했다. 스무 명의 평가단 인원을 추려 착용해보라고 선물했다. 포장 패키지부터, 착용감, 한 달 사용감, 금액까지 평가받게 되었다. 긍정적인 반응들만 있어서 김이 새면서도 좋았다. 아마도 잘 개선해나가고 있었나 보다. 꽤 많은 사람이 이전보다 훌륭해졌다고 평가했다. 그들은 홈페이지와 패키지 개선이 상품을 더욱더 매력적으로 만드는 것에 한몫했다고 했다.

'주력상품'은 경영상 매출이나 이익을 고려해서 특히 주력으로 판매하고 있는 상품을 말한다. 뚜뜨의 진주 아이템은 주력상품인 동시에 시그니처다. 많은 사람에게 '뚜뜨' 하면 진주 팔찌가 바로 떠오르고, 진주 팔찌 하면 뚜뜨가 떠오를 수 있도록 브랜딩에 박차를 가해야 한다.

4. 브랜딩

브랜딩을 위해 로고를 제작했다. 처음에는 업체에 문의했었는데 갑자기 외주를 맡기려니, 구체화해둔 이미지나 생각해둔 심볼도 없었고 뚜뜨를 어떻게 표현하고 싶은지 막연했다. 로고 제작을 맡기게 되면 저렴한 업체는 20만 원부터 120만 원까지 비용이 들기도 한다. 시안을 몇 가지 받느냐, 콘셉트 선택지가 있느냐, 기획하느냐에 따라서 비용 차이는 어마어마하게 났다. 상담까지 받았지만 결국 진행하지 않았다.

사업을 한다면서, 생각해 둔 것이 별로 없다는 것에 적잖은 충격을 받았다. 며칠을 고민하다 뚜뜨에서 D와 T를 가져와 로고를 만들었다. 로고를 만들면서 직선 적인 느낌보다 액세서리가 주는 곡선의 느낌이 있으면서 이렇게 완성하게 되었다. 새로 자체제작한 로고를 중심으로 패키지도 전면 교체하게 되었다.

패키지가 바뀌니 훨씬 더 완성도가 높아졌고 상세페이지의 퀄리티도 같이 올라갔다. 포장지와 액세서리 보관 주머니까지 퀄리티가 높아지는 만큼, 지출 비용이 커졌다. 내게 떨어지는 비용이 적어졌지만, 판매가는 높이지 않기로 했다. 수많은 제품 중에 뚜뜨를 선택해 준 고객님들에게 좀 더 선물 같은 느낌으로 다가가고 싶었다.

현대사회에서 브랜딩이란 제품의 브랜드 명칭과 상표를 설정하는 일만을 뜻하지 않는다. 기업이 추구하는 이미지를 계속 부여하는 작업이 필요하다. 사람들이 먼저 찾는 브랜드를 구축하려면 콘셉트를 확실하게 정해야 한다. 콘셉트 없는 브랜드는 빛 좋은 개살구와 같다.

뚜뜨의 콘셉트 키워드는 데일리, 모던, 무드. 이 세 가지다. 뚜뜨의 시그니처는 이 키워드를 모두 만족시키는 진주 팔찌여야 한다. 주력상품이기도 한 이 팔찌는 여전히 경쟁력이 높지 않다. 뚝배기보다 장맛이라던데, 빛 좋은 개살구가 된 뚜뜨를 내가 직접 찍어 먹어보니 맛이 없다. 뚜뜨는 늘 폐업과 유지의 기로에 있다.

누구나 브랜드는 있다

현대사회에서는 가지고 있는 것 단 한 가지만으로 성공하기란 매우 어렵다. 다른 누군가와 차별화되는 포지션만이 개인의 가치와 능력을 인정해 주는 시대, 이력서를 다 채운 스펙의 면접자보다 스토리텔링이 있는 스펙의 면접자를 채용하는 시대이다. 이제는 하루하루 온도가 다르게 불꽃 튀는 경쟁의 시대를 살고 있다. 그 속에서 살아남으려고 했던 노력이 어쩌면 우리도 모르는 사이에 이미 자신을 스스로 브랜드화하고 있었던 것일지도 모른다. 그렇게 우리는 모두 자신만의 브랜드를 가지고 계속해서 축적해왔다. 다만 내가 무엇을 가졌는지를 잘 알고 활용하느냐, 모르고 살아가느냐의 차이인 것이다.

'브랜드'의 어원은 고대 노르디어(Old Norse)의 'brandr'에서 나온 것으로 '태워 새긴다'라는 의미로 자기 소유의 가축에 표시함으로써 소유물을 식별하는 것에서 유래되었다. 종합적 개념으로는 '제품의 얼굴'로서 판매자의 제품이나 서비스를 경쟁사의 것과 식별하고 차별화 시키기 위해 사용하는 이름과 상징물의 결합체다.

이를 개인(Personal)에 적용해 개인이 가지고 있는 고유한 식별 가치로 개인의 가치관, 비전, 장점, 매력, 재능 등을 브랜드화하여 자신의 가치를 높이는 것을 퍼스널브랜드라고 하는데, 개인이 가지고 있는 꿈, 가치관, 비전, 장단점, 매력, 재능 등을 분석하여 개인의 포지션과 목표를 정하고 여기에 맞는 브랜딩의 수단과 경로를 통해서 자신의 가치를 높이는 동시에 유지와 관리하는 작업 모두 '퍼스널브랜딩'이다.

사람이나 대기업 정도는 되어야 브랜딩을 하는 것으로 생각한다. 하지만 시대가 바뀌었다. 코로나19의 직격탄을 맞으면서 온라인 세계로 빠르게 접어들었고, 개인이 셀러가 되어 물건을 팔고, 강의를 만들고, 모임을 만드는 것이 자연스러워졌다. 유튜브는 특별한 사람이 하던 것에서 이제는 어린아이부터 어르신들까지 누구나 쉽게 만들어 제작하게 되었다. 숏폼 영상으로 영상 제작에 대한 부담을 낮추고, 영상 편집 어플의 발달로 어렵지 않게 제작도 가능해졌다. 이런 시대에 성공하는 방법이란 오로지 '나를 브랜딩'하는 것이다.

인스타그램 어플을 실행해보자. 1,00명의 팔로워가 넘어가는 사람들 중 자신을 브랜딩 하기 위해 여러 컨텐츠를 만들고, 무료 강의를 하고,

모임을 만드는 사람들을 쉽게 찾아 볼 수을 것이다. 예전에는 회사에서 직접 판매를 했다면 이제는 누구나 판매를 하는 시대다. 사람들은 그 제품이 좋아서 구매하기보다, '그 사람'이 판매하기 때문에 지갑을 연다. 같은 제품이라도 내가 마음에 든 사람이 판매하는 것을 사는 것이다. 그게 바로 '브랜드'다.

내가 써보고 좋았던 제품을 소개 하는 것만으로도 돈이 된다. 내가 화장하면서, 밥을 먹으면서, 놀러가면서 좋았던 것을 공유했을 뿐인데 사람들이 좋아요를 누르고 팔로우를 한다. 그렇게 차곡차곡 인지도를 쌓은 다음에 판매를 하면 사람들의 구매가 줄을 잇는다. 제품을 사는 것이 아니라 그 사람의 라이프 자체를 구매하는 것이다.

누구나 자신을 노출시키고, 자신을 판매할 수 있다. 그러다보니 비슷비슷한 컨텐츠들이 넘쳐난다. 여기서 살아남기 위해서는 차별화가 필요하다. 같은 책 리뷰라도 나만의 콘셉트가 들어가야 한다. 단순히 리뷰하는 것이 아니라 여기서 내가 무엇을 깨닫고 적용했는지 나만의 것을 보여주어야 한다.

내가 표현하고자 하는 목적과 방향성이 뚜렷하다면 그 상황에 맞는 이미지메이킹과 브랜딩 전략을 세워야 한다.

1단계, 되고 싶은 '나'를 정의한다.

내가 부자가 되고 싶다면, 부자 동네로 이사 가라고 했다. 그들과 생활하며 라이프 스타일을 따라 하고, 그들과 대화하며 그들의 마인드를 갖는 것이 성공의 키포인트가 된다. 나만의 롤모델을 정하자.

2단계, '내가 보는 나'와 '남이 보는 나'의 교집합을 키운다.

나의 아이덴티티를 사람들에게 알리고 인식시켜야 한다. 이때 모든 것이 일관성이 있어야 이미지메이킹이 유지되며 퍼스널브랜딩에 힘이 실린다. 나는 쿨하고 멋진 사람인 줄 알았는데, 다른 사람이 나에 대해 '허세 가득한 사람'이라는 평가하면 그 이미지 메이킹은 성공할 리 없다. 하지만, 이후에 정말 쿨하고 멋진 모습들을 일관성 있게 꾸준히 보여준다면 나는 마지막에 결국 '쿨하고 멋진 사람'이 되는 것이다.

'간단하다'고만 생각 한다면 큰 오산이다. 이는 매우 심플한 전략이지만 우리가 끝까지 가지고 가야 할 전략이기도 하다. 이것을 중간에 잃어버리면, 나침반을 잃어버리는 것과 같다. 그래서 그냥 '느낌대로', 또는 '되는 대로' 걷게 되는 것이다. 이렇게 되면 언제고 다시금 정체성 혼란이 올 수 있다. 방향을 잃어버린다고 해도 다시 돌아오면 그만이지만, 처음부터 길을 안 잃어버리는 게 낫지 않는가. 단순히 겪게 될 '시행착오'와 '완전 이탈'은 차원이 다르다.

내가 곧 브랜드다

퍼스널브랜드 안에 진정성이 담겨야 하고, 그것이 바로 내 삶이어야 한다. 사람들은 진정성 없는 행동에 기민하게 눈치채며 등을 돌린다. 일상, 곧 내 삶 자체를 바탕으로 한 퍼스널 브랜드는 내가 어디에 있건 다른 사람들이 쉽게 인식할 수 있을 것이다. 2단계에서 찾은 교집합으로 꾸준히 나를 드러내는 것이 중요하다.

나만의 고유한 특징은 무엇인지, 나의 특별한 재능은 무엇인지, 사람들에게 보여주고 싶은 나의 가치는 무엇인지, 나는 다른 사람들에게 어떻게 포지셔닝 되고 싶은지 충분히 고민해 보았다면 본인만의 퍼스널 브랜드에 한층 가까워진 것이다.

여기서 드는 의문점이 하나 들 것이다. 나와는 전혀 상관없는, 정반대의 사람도 내가 롤모델로 삼으면 그런 사람이 될 수 있는 것인가? 나를 예로 들어보겠다. 20대 초반의 나의 이미지는 내일이 없는 사람이었다. 겁도 없고, 되는대로 살았다. 그래서 그때의 나를 기억하는 사람들은 지금의 나의 모습이 놀랍다고 한다. 전혀 매치되지 않아 다른 사람인 줄 알았다고 하는 동창들도 꽤 있다.

그런 내가 직장생활을 시작하면서 되고 싶었던 모습은, '지적이고 기품있는 사람'이었다. 사투리 범벅에 촌스럽고 날것의 이미지인 내가 우아하고 기품있는 사람을 롤모델로 삼고 따라 한다고 해서 과연 그 사람 자체가 될 수 있을까? 없다. 그렇기에 나만의 고유한 특징과 재능을 찾아 나만의 색을 덧입혀야 한다.

내가 평상시에 사투리를 쓰더라도 내 업무를 처리할 때는 굉장히 프로페셔널하고 완벽을 추구한다면, 그 안에서는 기품있고 우아하게 일처리를 할 수 있는 것이다. 이때 사투리가 오히려 친숙함 한 스푼을 더해 차별화가 될 수 있다. 평상시 친숙하고 평범했던 사람이 일만 하면 프로페셔널하게 돌변하는 모습이 사람들에게는 오히려 '반전미'를 느끼게 할 수도 있다. 누구나 '큰 나'와 '작은 나'가 존재한다. 이것을 어떻게 조화롭게 유지하고 보여주느냐가 중요하다.

누구나 브랜드는 있다. 당신의 브랜드는 무엇인가?

제2장
나다움을 찾는다는 것

셀프 브랜딩의 시대,
자기소개의 클리셰에서 벗어나자

우리는 살면서 자기소개할 순간을 종종 맞닥뜨리곤 한다. 지금 당장 누군가에게 자신을 소개하라고 하면 1분 동안 '나'를 명확하게 소개할 수 있을까? 아마 별로 생각하지 않고 자기소개를 1분 동안 유연하게 하는 사람은 드물 것이다. 보통의 경우, 대충 급하게 떠오르는 대로 횡설수설하다가 끝나버린다. 그렇게 되면 누군가는 다시 만나도 기억하지 못하게 될 수도 있다.

짧은 시간 안에 누군가에게 강렬한 인상을 주는 것은 쉽지 않다. 그러기 위해서는 몇 가지 노력이 필요하다.

먼저, 어떤 사람에게 '나'를 소개하는지 빠르게 판단이 되어야 한다. 가능한 한 빠르고 정확하게 자기소개하는 목적을 이해하고 파악해야 한다. 신입 사원 때의 자기소개와 거래처에 방문한 경력자의 자기소개는 다르다. 또, 대학 면접과 회사 면접의 자기소개도 다르다. 하다못해 회사별로 자기소개도 다 달라야 한다. 취준생이 열 군데의 면접을 봤을 때 열 군데 모두 같은 자기소개를 한다면 아마 그 채용담당자는 진부하게 들었을지도 모른다. 하지만, 열 군데의 회사마다 특징을 살려 자기소개한다면 좀 더 기억에 남는 소개가 될 것이다.

최근에 새로 시작한 프로젝트팀에 합류하게 되어 자기소개한 적이 있다. 다른 사람들의 자기소개를 들을 기회도 없이 첫 번째로 하게 되었다. 그때 나는 현재 활동 중인 강사이면서도 제대로 된 자기소개 스피치를 제대로 하지 못했다는 사실에 충격받았다. 내 소개를 하는 와중에도 입과 머리가 따로 놀고 있었다. '이건 아닌데.'라는 생각에 수습하려고 덧붙이다 보니 더 횡설수설했고, 불필요한 설명까지 나열하고 나서야 끝났다. 깔끔하고 간결한 자기소개는커녕 내가 어떤 사람인지 제대로 전달조차 하지 못했다.

똑같은 시간과 조건이 주어져도 어떤 사람은 굉장히 자연스럽게 자신을 소개하고, 어떤 사람은 보는 사람도 불편한 소개를 이어간다. 적어도 아찔한 순간을 피하고 싶다면 나를 남들에게 어떻게 소개할지 미리 준비해두는 것도 좋다. 나처럼 망하지 말고, 상황별 시뮬레이션을 돌려보며 2~3가지쯤은 준비해두자.

두 번째, 바로 기억할 수 있는 특징적인 키워드가 필요하다. 광고와 자기소개는 일맥상통한 부분이 있다. 둘 다 단시간 안에 확실하게 상대방을 설득해야 한다. 제품과 나를 표현하는 것은 찰나의 순간이다. 이미 수십 번도 넘게 들었던 다른 자기소개들과 차별화가 되지 않는다면 기억에 남을 메리트는 전혀 없을 것이다. 화려하고 멋지게만 자기소개를 하라는 것이 아니다. 마치 남의 옷을 입은 것 같은 느낌의 자기소개는 아무리 멋지고 화려한 단어들로 포장해도 설득력이 없다. 그렇다면 나를 기억시킬 수 있는 특징적인 키워드는 어떻게 찾을 수 있을까?

가장 간단하고 쉬운 방법은 '나'라는 사람을 봤을 때 연상되는 무언가를 찾아 연결하는 것이다. 나를 상징하는 단어는 무엇인지, 내가 표현하고자 하는 이미지는 무엇인지 고민해 보자. "을지로 김사랑, 옥순입니다"하면서 닮은꼴 연예인을 빗대어 표현할 수도 있고, 동물이나 캐릭터 등을 활용할 수도 있다.

그중, 역시 가장 효과적인 방법은, 핵심 키워드를 직업이나 역량에 초점을 두고 잡는 것이다. '타이밍을 만들고, 기회를 잡기 위해 어필하는 강사 최이슬입니다'. 나의 수식어는 현재로는 나만 만족하고 있다. 묘하게 이렇게 자신감 있게 나를 소개할 때면 저절로 각성하게 된다. 특히 이 멘트는 거울을 보며 몇백 번을 연습했기 때문에, 나의 전문인으로서의 스위치라고 볼 수 있다.

세 번째, 나만의 이야기가 필요하다. 자기소개에 담겨있는 이야기에서 내가 전하고자 하는 메시지를 잘 전달해야 한다. 더 중요한 것은 그 이야기가 나의 퍼스널브랜딩과 일치해야 한다는 것이다. 이 말은, 어떤 이야기를 할 때 단순히 사건의 이야기만을 말하는 것이 아니라 그 일의 개인적인 경험이 녹아 있는 나만의 이야기를 구체적으로 풀어낼 수 있어야 한다. 추상적인 경험을 나열하기보다는 나만의 분명한 관점으로 이야기를 풀어내야 한다. 내가 이 이야기를 하는 이유가 무엇인지 그들이 파악하게 되었을 때, 좀 더 오래 '나'라는 사람을 기억할 수 있게 한다.

"기회의 신, 카이로스를 아시나요? 이탈리아 토리노 박물관에 고대 그리스신화에서 묘사된 리시포스 작품이 있습니다. 그림 속 카이로스는 발가벗고 있고, 앞머리는 풍성한데 뒷머리는 대머리며 발뒤꿈치에는 날개가 있는 우스꽝스러운 모습을 하고 있습니다. 관광객들은 대부분 '이 우스운 모습의 사람이 기회의 신이라니?'라며 처음에는 믿지 않지만, 숨겨진 의미를 알고는 모두 고개를 끄덕입니다.

카이로스의 벌거벗음은 쉽게 눈에 띄기 위함이고, 풍성한 앞머리는 쉽게 잡기 위함이고, 대머리인 뒷머리는 지나가고 나면 다시는 붙잡지 못하기 위함이고, 발의 날개는 순식간에 사라지기 위함이라고 합니다. 기회는 사실 가까이에 있습니다. 바로 눈앞에 있어서 손을 뻗으면 잡을 수 있지만, 놓친 기회는 순식간에 사라져 다시 잡으려고 하면 잡을 수 없습니다.

치과 실장이 될 타이밍, 강사가 될 타이밍, 작가가 될 타이밍, 악세사리 사장이 될 타이밍, 병원교육전문기업 대표가 될 타이밍. 타이밍이 제게로 온 것이 아니라 제가 바로 그 타이밍을 만들어 냈습니다. 저는 타이밍을 만들고, 기회를 잡기 위해 어필하는 사람, 최이슬 입니다."

마지막 조건까지 충족된다면, 1분 자기소개만으로 스토리텔링과 퍼스널브랜딩이 연결된다. 1분 동안에 내가 어떤 사람인지 알 수 있게 되고, 나의 이미지를 기억에 남길 수 있는 자기소개를 한다는 것은 퍼스널브랜딩에 한걸음 가까워졌다고 말할 수 있다. 더불어 자기소개하는 동안, 나에 대해 흥미까지 가진다면 반쯤 성공한 셈이다. 어쩌면 가장 쉽지만, 가장 어려울 수 있는 첫걸음인 셈이다.

이해했다면, 지금 당장 본인을 소개하는 글을 써보라. 이것은 가장 효과적인 퍼스널브랜딩과 이미지메이킹을 시작한 셈이며, 언제든 강력한 당신의 무기가 될 것이다.

나는 단점을 매일 바꾼다

자신의 단점을 알고 있는가? 갑작스러운 질문에 단점이 생각나지 않을 수도 있다. 굳이 단점을 찾지 않아도 좋다. 단점이 없다면 말이다. 나는 지금까지 수도 없이 단점이 바뀌어왔다. '아니 어떻게 단점이 계속 바뀌어?'라고 생각할 수도 있겠다. 나는 지금까지 단점을 전환하려고 노력했고, 그 결과 단점이 계속 바뀌게 되었다.

24살 때의 단점은 빨리 빨리하려고 하다 보니 주변을 둘러보지 못한 것이 단점이었다. 어느 정도였냐면, 환자가 체어에서 내려오기도 전에 기구를 다 치우고 소독실에 들어갈 정도였다. 환자를 안내해줘야 할 내가 휙 들어가 버렸으니 환자는 알아서 혼자 대기실에 나가야만 했다. 내 머릿속에 게임 스테이지처럼 다음 스테이지에서 해야 할 일이 생생하게 떠오르다보니 홀로 남은 환자 생각보다는 내 할 일에만 집중했다. 일부러 그랬다기보다는 '얼른 정리해서 치우고 다음 환자 준비해야 해!'라는 생각이 나를 움직이게 한 것이다. 이런 단점은 누군가 그것을 꼬집어 말해주지 않으면 빠르게 알아차리기란 쉽지 않다. 단점들은 보통 타인의 지적에서부터 인식하게 된다.

25살 때는 실수하지 않으려고 하는 것이 단점이었다. 어떤 행동을 실수하고 나면 그것에만 온 관심이 쏠려 또 다른 실수를 하게 되는 치명적인 단점이었다. 빨리빨리 하느라고 환자분이 느꼈을 약간의 불쾌감이나 서운함을 깨닫게 되자 그렇지 않으려고 대기실까지 천천히 스몰토크를 하며 안내했다. 이후 재빨리 돌아와 체어를 정리했는데, 그러다 보니 마음이 급해져서 정리하면서 빠트리게 되는 것들이 생겼다. 혹은 준비 과정 중에서 누락되는 것이 발생했다.

26살 때의 단점은 FM대로 진료를 보기 위해 노력하느라고, 환자에게도 FM대로만 답변했다. 환자와 소통하지 못하고 일방적으로 전달하기만 한 것이었다. 환자의 사정과 마음은 염두에 두지 않고 진료 적으로만 접근했다. 그래서 딱딱한 이미지가 생기기도 했다. 상담할 때도 마치 선생님이 된 듯 가르치는 방식으로 접근했다. 내 말을 끊고 끼어들면 더 큰 목소리로 무시하고 전달했다. 그러다 보니 상담 동의율은 떨어질 수밖에 없었고, 상담 중에 목소리가 너무 크다는 지적을 받고야 말았다. 내가 상담을 한 것이 아니라, 배려 없이 일방적으로 말만 했다는 걸 깨달았다.

27살부터 28살까지의 단점은 직원과의 관계에 신경 쓰지 못하고 내 할 일에만 집중한 것이다. 일찍이 '내가 잘났다는 것을 알아버린 것'이 었다. 그저 서로 각자의 위치에서 각자의 일만 하면 된다고 생각했다. 그러면서도 먼저 나서서 일하면 알아주겠지 생각했다. 이런 나를 대체 할 수 있는 사람은 없을 거라고 자만했다. 직원이 실수하게 되면 이해 하지 못하고 공감해주지 않았다. 그저 호되게 혼냈다. '당연한 걸 왜 모르지? 이걸 상식적으로 모를 수가 있나?'라는 생각이 지배적이었기에 작은 실수에도 눈물을 쏙 빼놓을 정도로 혼을 냈다. 나중에 나이 많은 직원에게 싸가지 없다는 얘기를 들었을 때도 그다지 타격감은 없었다. 그때의 나는 이해와 공감 따위는 없는 거의 로봇인간이었다. 나는 팀장 이고, 나이가 많든 적든 팀원은 팀원이기에 내 태도를 바꿀 필요는 없 다고 생각했다.

29살 때는 이런 내 모습이 문제가 있다고 생각하고 직원에게 더 많 이 신경 쓰고 배려했다. 이게 문제였다. 너무 깊은 개입이 단점이었다. 선을 긋고 일하던 예전과는 달리 이해하고, 포용하려다 보니 혼낼 것도 없고, 지적할 것도 없어졌다. 아니, 정확하게는 애매해졌다. '이런 상황 에서는 혼을 내야 하나, 감싸야 하나?' 헷갈리기도 했다.

이런 내 단점들과 경험들이 쌓여서 30살이 되었을 때는 좀 더 유연하 게 대처할 수 있게 되었다. 그리고 32살 지금은 모두에게 어리지만 카

리스마 있고, 프로페셔널한 실장으로 인정받게 되었다.

　나에게는 계속 단점이 있었다. 하지만 그 단점이 계속 나의 단점이지 않았고, 치명적인 약점이 되지도 않았다. 이전의 나의 단점들은 내가 성장하게 되는 계기에 밑거름이 되었다.

　단점을 모른척하지 않고 온전히 받아들여 장점으로 승화시키고, 새로운 단점이 빼꼼 찾아오면 또 그 단점을 장점으로 바꾸어나갔다.

　만약, 본인의 단점을 잘 모르겠다면, 자기 모습에서 마음에 들지 않는 부분은 무엇인가 생각해보라.

　사실 단점과 장점은 서로 유기적이기 때문에 단점의 싹을 잘라내기란 어렵다. 단점이 어떤 경우에는 장점이 되기도 하고, 장점이 단점이 되기도 한다. 이 점을 잘 기억하고 접근하는 것이 정신건강에 유익하다. 게으른 것이 단점이라면, 낙천적이고 여유로운 것이 장점이 될 수도 있다. 포기가 빠른 사람은 새로운 도전을 할 수도 있다.

　어떻게 생각하느냐에 따라, 나의 단점은 가까운 미래에 새로운 장점이 될 수 있다. 내가 가지고 있는 단점들에서 긍정적인 측면을 발견하고 접근해보자. 나의 새로운 모습이 보일 것이다. 계속계속 변화하고 성장하는 나의 모습을 어느 날 발견했을 때의 뿌듯함이란, 겪어본 사람만이 알 것이다.

　다시 질문하겠다. 자기 모습에서 마음에 들지 않는 부분은 무엇인가?

그것을 잘 관리해 나의 성장의 밑거름으로 전환할 수 있는가? 잘 관리된 콤플렉스야말로 자존감을 쉽게 높이는 방법일 것이며, 현대사회에서 가장 높게 평가되어야 할 부분이다.

장점으로 변화될, 오늘 당신의 단점은 무엇인가?

나는 빠르게 실패하는 사람이다

나는 빠르게 실패하는 것을 좋아한다. 아니, 좀 더 정확하게 말하면 나는 약아빠진 사람이라 간단한 한 번의 실패로 간을 본 다음 좀 더 빌드업해서 성공으로 가까워지는 사람이 맞겠다.

나는 실패와 좌절에 오랜 시간 힘들어하지 않는다. 물론 실패한 그 당시에는 나도 사람인지라 심각하고, 마음이 힘들지만 그래도 꽤 빨리 헤어 나오는 편이다. 내가 우울하고, 힘들고 슬프다고 해서 해결될 문제는 아무것도 없다고 생각한다. 나도 사람인지라 잠깐은 힘들어하지만 곧바로 정신을 차리고 '그래서 어떻게 해야 하지?'하며 방법을 찾는다.

잠깐은 유감스럽지만, 오히려 각오를 새로 다지면 더 넓은 방향으로 나아갈 수 있다. 자책과 후회로 제자리걸음 하며 뒤로 가는 것은 결코 도움이 되지 않는다. 이미 일어난 일들은 어쩔 수 없고, 지나간 내 선택을 돌이킬 수 없다면 지금 당장 할 수 있는 일을 찾아야 한다. 지금의 상황에서 가장 빠르게 해결할 수 있는 것이 무엇인지 찾고, 마음을 추스르며 행동해야 한다.

나는 실장님의 간섭과 잔소리를 피하려고 광주에서 서울까지 오가며 공부했다. 그렇게 실력을 쌓았고, 강사의 길도 걷게 되었다. 강사의 길이 쉽지는 않았다. 강사가 되면 프로 강사들처럼 유명해지고, 멋지게 강의를 할 수 있을 줄 알았다. 하지만, 강의 준비를 하면서 내용 전달의 어려움과 나의 역량에 좌절하기도 하고, '이 길이 내 길이 아닌가?'라는 생각도 하며 혼란스럽기도 했다. 그럼에도 어차피 해야 하는 일이기에 '괜히 한다고 했나'라는 생각하며 자책하기보다는 '어떻게 하면 수강생들의 마음을 사로잡을 수 있을까?'를 고민하며 강의안을 수정했다. 이미 강의 모집 시안은 만들어졌고, 홍보도 하고 있고, 수강생들도 모아졌고, 강의 날짜도 다가오는데 후회해 봐야 무슨 소용인가?

나는 내가 한 선택에 후회하는 게 없다. 안 했다면 '해 볼걸.'하고 후회는 할지 모르겠지만 내 선택이 잘못되어 실패한다고 해도 후회하지 않는다. 어차피 내가 선택한 것이고, 안 했다면 더 후회했을 나를 잘 알기에. 그래서 나는 차라리 빨리해보고 빨리 실패한다. 그리고 좀 더 수정 보완해서 실패의 크기와 횟수를 줄여나간다. 일단 저지르면 앞을 향해 나아갈 수 있다. 내 머릿속 생각만으로는 절대로 성공할 수 없다. 인생은 단 한 번뿐! 아무도 2번, 3번 살아본 사람은 없다. 게임 리셋처럼 다시 처음부터 인생을 진행시킬 수 있는 것이 아니기에 일단 시도해봐야 한다. 하다 보면 노하우가 생기고, 경험이 쌓여서 더 완벽해질 수 있다.

사는 것은 '선택의 연속'이라고 했다. '선택을 하지 않는 것'도 선택인 삶 속에서 우리는 순간순간 갈림길에 있다. 시험문제를 풀 듯 아는 범위 내에서 선택을 할 수도 있고, 로또 번호를 찍듯, 아무것도 모를 범위 내에서 선택을 할 수도 있다.

앞으로 나아가는 사람과, 그렇지 않은 사람은 문제 해결 능력에 있다. 자책하며, 그때의 선택 순간에 갇혀 사는 사람들이 있다. 하지만, 가끔은 대수롭지 않게 생각해보는 것은 어떨까. 견디기 힘든 순간은 누구에게나 찾아오고, 마음이 무너지는 순간 또한 누구에게나 찾아올 수 있다. 그러나 어떤 마음으로 대처하느냐에 따라 앞으로의 삶이 달라질 것이다.

선택을 주저하고, 도전을 주저하게 되면 당신이 생각하는 부러운 사람과의 폭을 좁히지 못한다. 나는 일단 하고 싶은 일이나 관심 가는 일이 있으면 살짝 발을 넣어본다. 아니다 싶으면 얼른 발을 뺀다. 이런 나를 빠르게 포기하는 사람, 끈기가 없는 사람이라고 손가락질 할지도 모르겠다.

그렇다해도 괜찮다. 나는 내가 할 수 있는 일이라면 할 것이다. 그로 인해 잃는 것보다 얻는 것들이 더 많기에 나는 기꺼이 그런 사람이 될 것이다.

우리는 모두 1회차 인생을 살고 있다. 하고 싶은 일도, 해야 할 일도, 할 수 있는 일도 무궁무진하다. 사소한 무언가로 내 인생이 바뀔 수도 있고, 나락으로 떨어질 수도 있다. 하지만 실패를 딛고 일어선다면 지하 저 밑에서 지상 꼭대기층까지 올라갈 수 있다. 나다움을 찾는다는 것은 내가 무엇을 좋아하는지, 잘하는지를 찾는 것과 일맥상통한다. 그러기 위해서는 많이 시도하고, 많이 실패해야 한다.

나는 나의 실패가 기껍다. 고로, 당신의 실패를 응원한다.

특별한 사람들의 세 가지 특징

무슨 일을 하더라도 성과를 내는 사람, 어디에 있더라도 존재감이 있는 사람, 몇 마디 하지 않아도 목소리에 힘이 있는 사람, 관계를 이끄는 사람이 있다. 나는 이런 사람들을 보면 존경스럽고 본받고 싶다. 아마도 많은 사람이 바라는 모습일 것이다.

그 특별한 사람들에게는 몇 가지 특징이 있다.

첫 번째, 환경을 만든다.

우리는 어떻게 하면 부자가 되는지 알고 있다. 당장 인터넷만 검색해봐도 부자가 되는 방법에 대한 정보가 끊임없이 제공된다. 가난한 흙수저에서 자수성가한 CEO의 이야기, 평범한 회사원에서 주식 부자가 된 사람의 이야기, 주부에서 부동산을 휘어잡은 사람의 이야기 등 많은 성공 스토리를 찾아볼 수 있다. 우리의 생각보다 성공한 사람의 수는 훨씬 더 많고, 그들은 그 방법을 더 이상 비밀로 하지 않는다. 방송에 나오는 맛집만 봐도 영업노하우라며 숨기는 시대는 지났다. 여과 없이 레시피를 공개해도 괜찮다고 한다. 그들은 어떻게 오픈할 수 있으며, 왜 오픈을 하는 것인가?

정답은 알려줘도 그렇게 '안'하고 '못'하기 때문이다. 성공의 정보는 알기는 쉬워도 직접 행동에 옮기기 어렵고, 내 것이 아닌 채로 행동에 옮기게 되면 부자연스러워서 억지로 남의 옷을 껴입은 것과 같다.

쉬워 보인다 하더라도 남의 성공은 쉽게 따라 하기 어렵다. 혹여, 단번에 성공을 틀어잡는다 해도 그런 특별한 사람이 되기는 어렵다. 누군가는 '멘탈이 약하다', '의지가 부족하다'라고 말하지만 실은 처음부터 멘탈이 강한 사람은 없다. 그래서 끊임없이 나를 그러한 환경 속에 던져야 하는 것이다. 평범한 사람들은 환경을 찾아 떠나야 하지만, 특별한 사람들은 환경을 세팅한다.

두 번째, 곧바로 실행한다.

두려워하고 겁내기보다 '시도해보는 것'이 그들의 강점이자 큰 특기다. 성공한다면, 그 성공이 길이길이 기억될 것이며 실패한다면 그 경험을 통해 데이터를 수집하고 보완한다. 그 과정이 있는 자만이 성공이란 결과를 쟁취해낸다.

'괜히 했어.'라는 후회보다 '그때 시작했어야 했는데', '그때 말했어야 했는데', '그때 선택해야 했었는데' 등 대체로 무언가를 머뭇거리다가 하지 못했을 때의 후회가 더 진하고 오래 기억에 남는다. 여전히 바뀐 것 없이 한탄만 하고 있진 않은가?

타이밍은 누구에게나 오지만, 그 타이밍을 기회로 만드는 사람들은 자기 삶을 스스로 특별하게 만들 줄 아는 사람이다. 그리고 이 결론에 대한 확신은 분명 자신에게 있다.

세 번째, 한계를 정하지 않는다.

자신의 한계는 바로 본인 스스로 만든 것이다. 사람은 스스로 자아상을 만들어 내는데, 본인의 취향과 경험 그리고 기억을 바탕으로 '나'라는 존재를 결정짓는다. 이때 나의 한계도 함께 결정지어지게 된다.

타인의 평가로 나의 한계가 정해지고, 나의 위치나 이미지, 나아가 브랜드가 정해질 수도 있다. 하지만 언제나 자신을 들여다보고, 마주하는 사람은 오직 '나' 자신뿐이다. 나만이 나를 가장 잘 알아야 한다. 다른 사람들이 나를 판단한다고, 나의 한계를 결정하도록 두어서는 안 된다. 설령 그렇게 한계가 그어졌다고 한들, 그 한계에 좌절해 돌아가든 가뿐히 넘어가든 오로지 '나'만 할 수 있다.

흐린 날씨를 보며 어떤 사람은 "날씨가 안 좋아, 비가 올 것 같아."라고 말하기도 하고, 어떤 사람은 "선선하니 날씨가 딱 적당하네."라고 말하기도 한다. 같은 사람이라도 휴가철에 놀러 갈 때와 놀러 가지 않을 때의 평가는 달라질 수 있다. 결국 모든 것을 받아들이며 결정하는 것은 자기 자신이다. 자신에 대해 최종 평가를 하는 사람은 '나'다.

"전 못해요."라고 말하는 직원과 "제가 한번 해볼게요."라고 말하는 직원은 태도에서부터 업무 수행 능력, 능률, 결과 모두 월등히 차이가 난다. 아마 시간이 지나면 지날수록 그 격차는 점점 더 커질 것이다. 이렇게 될 수밖에 없는 이유를 이제 우리는 알고 있다.

그런데도 '전 못해요'라며 스스로 한계를 정하는 바보가 있다면 조용히 주먹을 쥐고 머리 위로 올리며 외쳐보자.

"나는 할 수 있다. 나는 해 낼 사람이다!"

보통은 본인이 평범하고 흔한 사람인 줄 착각한다. 하지만, 틀렸다. 당신은 특별한 사람이다. 특별한 사람의 '특별함 세가지'는 이미 당신도 가지고 있던 것이다. 아직 꺼내지 못했을 뿐.

Part. 2
보통의 나를 있어 보이게 만드는 법

제1장
몸값 2배 올리는 셀프 브랜딩

대단하지는 않지만 끌리는 나를 만드는 비법

비슷한 수준으로 일을 처리했음에도 눈에 더 띄는 사람이 있다. 같은 일을 해도 더 빛나는 사람이 있다. 바로 과정의 접점마다 그냥 지나치지 않고, 체크를 하며 피드백을 받는 사람이다. 회사생활을 하면서 아무것도 거치지 않고 결과물만 내놓은 사람보다, 접점별로 피드백을 받은 사람이 조직 내에서 '인정'받고 신뢰를 받는 사람일 가능성이 크다.

이 사람들은 어떻게 질문을 해서 긍정적인 답변을 끌어낼지 이미 방법을 아는 사람이다. 무작정 광범위한 질문부터 하지 않고, 최대한 추려서 질문한다.

다음 2가지 사례를 함께 살펴보자. 치과에 근무하는 A 직원이 중간 관리자에게 질문한다. "실장님, 방금 환자분께서 사보험에 가입하셨다고 하셨는데 몇 개월 됐는지도 잘 모르겠다고 하시는데 아무튼 봄쯤에 가입하셨대요. 그게 에이스 보험인지, 라이나 인지 잘 모르시겠다고 하셨고 확인해보셔야 할 거 같대요. 원장님께서 진단 내리셨는데, 원장님께서는 충치 치료는 아직 하실 게 없기는 하시거든요. 근데 나중에는 해야 할 거 같다고 하셨고, 사보험 때문에 상담해주셔야 하는데 앉혀드려도 될까요?"

도대체 무슨 말을 하고 싶은 걸까? 말이 끊어지지 않고 무슨 내용인지 계속 들어야만 하는 질문은 상사의 입장에서 피곤할 수밖에 없다.

반면, B 직원은 "실장님, 환자분께서 사보험 관련 상담 요청하셨습니다. 4월 중순쯤에 가입하셨고, 회사명과 정확한 가입일은 잘 모르겠다고 하셨어요. 원장님께서 충치 치료는 나중에 해도 된다고 하시는데 상담실로 앉혀드릴까요?"라고 중요 내용만 전달한다.

임시치아를 만들어보라고 연습시켜도, A 직원은 일단 만들고, B 직원은 질문부터 한다. "앞니 쪽을 만들까요? 어금니 쪽을 만들까요? 세 개짜리로 만들어볼까요? 시간제한을 두고 할까요? 여기서 더 예쁘게 만들려면 왼쪽에 조금 더 각도를 줘야 할까요?" 등. 꽤 구체적인 질문을 한다. 그러면 더 많은 피드백을 줄 수 있고, 더 많은 정보를 알려 줄 수 있다. 그리고 비슷한 결과물을 마주했을 때 좀 더 정이 갈 수밖에 없다.

같은 시기에 입사해 대리를 단 두 명의 직원이 있다. 두 명 모두 성이 같아 '이 대리'로 불리는데, 부서에서는 구분하기 위해 '일 잘하는 이 대리'와 '그냥 이 대리'로 구분했다. 각각 '이 대리'를 생각했을 때 함께 떠오르는 느낌이 모두의 생각과 비슷했기 때문에 부서에서뿐만 아니라 회사 전체에서도 그렇게 부르게 되었다. 그리고 그 이름은 곧 이름값을 하게 되었다.

직장에서의 이름값은 중요하다. 우리는 '일 잘하는 이 대리'라는 이름을 들었을 때, 그 이름값에 대해 기대한다. 이 말은 '일 잘하는 이 대리'라는 이름값이 자신의 가치를 나타내는 기능을 하고, 그것이 곧 직장인의 퍼스널브랜딩이라는 것이다. 자신이 만들어 낸 이미지와 타인이 만들어 낸 이미지가 맞아떨어져 최상의 효과를 냈다.

직장 내에서 나의 가치를 드러내는 브랜딩은 나 혼자 노력한다고 되는 것이 아니다. 나만의 콘셉트를 정했다면, 자신만의 브랜드를 구축하고, 꾸준히 본인의 아이덴티티를 드러내며 관리해야 한다. 누군가 이 대리를 생각했을 때 '그냥 이 대리'가 아닌, '일 잘하는 이 대리'가 될 수 있도록, 나를 어떻게 인식시키느냐가 중요 포인트다.

일 잘하는 이 대리의 콘셉트가 확실한 프로 일잘러라면, 자기관리가 잘 되는 직장인이어야 한다. 만약, 그렇지 못하는 모습을 보이거나 일 잘하는 이미지와의 갭이 생긴다면 이름값에 대한 명성은 떨어질 수 있다. 이때 이 대리가 브랜딩을 잘했다면, '그럴만한 사람이 아닌데 컨디션이 좋지 않나 보다'하며 오히려 타인이 이유까지 붙여가며 납득하게 될 수도 있다.

우리는 모두 평범하지만 특별하고, 특별하지만 평범하다. 이 중 1%만 정말 특별한 사람이다. 바로, 나를 사랑하고, 나를 아끼고, 나를 가꾸는 사람이다. 이런 사람은 '태'가 달라 보인다. 그 '태'는 단순히 외적인 것들만이 아니다. 나를 좀 더 연구하고, 내가 어떻게 하면 더 발전하고 성장할 수 있는지 고민하는 것들에서부터 시작된다.

특별하고 싶은가? 평범하고 싶은가? 어떤 이름의 삶을 살게 될지는 내가 먼저 정할 수 있다. 그리고 그것을 끝까지 유지하는 것. 그것이 바로, 대단하지는 않지만 끌리는 나를 만드는 방법이다.

'그런 척'하면 '그런 사람'이 된다

그런 음악들이 있다. 이어폰을 귀에 꽂고 있을 뿐인데 갑자기 걸음걸이가 당당해지는 음악, 마치 '영 앤 리치 앤 프리티'한 사람으로 만들어 주는 음악, 함께 이별한 것 같이 슬픔을 달래주는 음악 등. 음악은 그 사람을 대변해 주기도 하고, 마음을 달래주기도 한다.

보통 손에 땀을 쥐게 하는 액션 장면에서의 등장과 배경음악은 아주 중요하다. 거기에 배우의 이미지까지 맞아떨어진다면, 그 장면은 킬링 파트가 될 것이다. 이렇게 그 사람의 이미지에 맞춘 음악이 나온다면 음악조차 그 사람을 표현하는 장치가 된다.

음악뿐 아니라 일명 '버프를 올려주는' 의상들도 있다. 힘을 준 구두에 의상까지 더하고 나면, 나는 현재의 내 모습에 다른 모습을 덧씌운다. 원래의 내 모습은 온데간데없이 나를 좀 더 멋지게 포장한다.

　나는 이 모든 것들이 이미지메이킹의 한 요소라고 생각한다. 화장법과 표정, 태도 뿐 아니라 음악과 옷, 액세서리까지 모두 내 이미지를 만드는 데 한몫한다. 이미지메이킹은 대단하고 거창한 것만 있는 것이 아니다. 되고 싶은 모습이 있다면 그런 복장을 갖추고 그런 태도와 표정, 제스쳐까지 완전히 탈바꿈하면 된다.

　되고 싶은 나의 모습을 상상해 본 적이 있는가. 단순히 워너비의 모습 말고, 좀 더 구체적으로 내가 그 사람이 되어 행동하는 상상을 해본 적이 있는가. 현재의 모습이 완벽하다고 생각하며 더 나아가려고 하지 않는 사람은 드물다. 누구나 본인이 추구하는 이상적인 목표가 있을 것이다.

　나는 비서, 커리어우먼, 기상캐스터, 아나운서 등 오피스룩을 입고 바른 자세로 업무수행을 하며 오차 없는 정보를 제공하는 상상을 많이 해봤다. 내가 갖고 싶은 이미지가 바로 이런 이미지였다. 세련된 옷을 입고 프로페셔널하게 일을 하는 여성. 나의 첫 이미지메이킹은, 별것 아닌 거로부터 시작했다. 전문기업인도 아니고, 전문 강사도 아닌, 그냥 그렇게 보이는 사람의 이미지.

　현재 나의 모습과 내가 추구하는 미래의 모습에는 분명히 차이가 존재한다. 그렇다고 해도 변화할 내 미래 모습이 내가 아닌 것은 아니다.

　이미지메이킹이란 나의 본질을 바탕으로 본인의 사회적지위나 상황에 맞는 이미지를 만들어가는 '의도적 변화 과정'이다. 쉽게 말해 나의 외적 이미지와 내적 이미지를 좀 더 끌어올려 두 개의 이미지가 시너지 효과를 내는 것이라고 볼 수 있다. 이미지메이킹에서 중요한 것은 외적 이미지만을 상승시키는 것이 아니다. 내적 이미지와 함께 일치해야 다른 사람을 설득할 수 있다.

외적으로만 쌓아 올린 이미지메이킹은 틈이 있다. 예상치 못한 상황에서 부족한 외적 이미지가 드러나 버리면, 그 이미지메이킹은 실패한 것이다. 예를 들면, 지적인 이미지의 배우가 예능프로에 출연해 상식 문제에서 계속해서 틀려버린다면 시청자들은 실망감을 감출수 없을 것이다. 백치미라는 이미지가 예능 활동에는 도움을 줄 수 있을지 몰라도, 이 배우가 쌓아올린 이미지에는 타격을 줄 수밖에 없다.

처음에 이미지메이킹을 할 때 나는 겉모습에만 치중했다. 커리어우먼의 모습으로 보여지고 싶어서 헤어스타일과 옷차림, 액세서리를 바꾸고 꾸몄다. 겉만 봤을 때는 분명 내가 꿈꾸던 사람이 맞았다. 그런데 '그럴싸'할 뿐이었다. 내 내면은 여전히 자존감이 낮았고, 열등감에 찌질해져 겉모습과는 갭이 생길 수밖에 없었다. 나중에는 내가 어떻게 보이려고 했었는지 헷갈리기까지 했다. 주변 사람들도 어디서 만나느냐에 따라 나를 다 다르게 인식했다.

강사로서 만났을 때는 내 겉모습과 준비해 간 강의안만 보기 때문에 내가 원하던 모습 그대로 기억해주었지만, 그 외의 장소에서는 그렇지 못했다. 아직 내면까지 온전히 트레이닝 되지 못했던 것이다.

이미지메이킹에서 중요한 것은 옷차림, 자세, 표정 등 외적인 모든 것이 내면으로부터 이끌어와 줘야 한다. 내가 스스로 '저는 지적인 배우입니다'라고 말하지 않아도 나 자신이 지적이고, 배우다는 자신감이 있다면 내면에서 뿜어져 나오는 아우라가 나의 외적인 모습을 완성시켜 준다.

내가 되고 싶은 나의 모습이 있다면, 그 모습이 될 때까지 그런 '척' 해야 한다. 외적인 모습뿐만 아니라 내면의 나까지 완벽하게. 별것 아닌 이 말은, 나를 그런 사람으로 만들어 주는 가장 단순한 말이기도 하다.

나 자신이 있어 보이려면, '있어 보였던' 사람의 행동을 따라 해보고, 그 행동을 위한 최소한의 노력을 해야 한다. 이를 보고 "가식 아닌가요?" 질문할지도 모르겠다. 맞다. 어찌 보면 가식일지도 모른다. 그렇지만 그 가식이 진짜가 된다면?

처음부터 '그런 사람'은 없다. 처음부터 '완벽한 사람'은 없다. 그런 사람이 되기 위해, 완벽한 사람이 되기 위해 노력하는 사람만이 존재한다. 그 노력이 끝까지 이어진다면 어느 순간 실제로 그런 사람이 되어 있는 것이다.

모습만 내가 원하는 이미지가 되어서는 안 된다. 안의 내면까지도 내가 원하는 이미지와 일치가 되어야 다른 사람들도 나를 '그런' 사람으로 봐주고, 나 역시도 '그런' 사람이 될 수 있다. 처음에는 그런 척을 해서 시작하더라도, 결국 나만의 '그런 척'이 생겨야 하고, 그것들이 자연스럽게 스며들어 '그런 나'가 될 것이다.

내 안의 브랜드 정체성 깨우기

명품하면 가장 먼저 떠오르는 브랜드는 뭐가 있을까? 루이비통, 샤넬, 에르메스, 디올, 구찌, 생로랑, 프라다 등이 떠오를 것이다. 명품은 그 자체로 빛이 나기 때문에 비슷한 제품이라도 가격이 천차만별이다.

이중 이탈리아 명품 브랜드 구찌(Gucci)의 전성기를 이끌었던 디자이너 '알렉산드로 미켈레'에 대해 이야기하고자 한다. 그는 2022년부터 구찌에서 일했으며, 구찌의 제일 혼란스러웠던 해인 2015년에 크리에이티브 디렉터로 발탁되었다. 미켈레는 이분법적인 성별 구분에서 탈피한 다양한 문화를 포용한 디자인을 선보이며 성별과 인종을 포용하는 패션으로 화제를 끌어냈다. 그 결과 구찌의 매출은 2015년 39억 유로에서 2021년 97억 유로로 증가했고, 영업이익은 같은 기간에 3배 이상 증가했다.

이전의 구찌는 고리타분하고 따분한 명품 브랜드 중에 하나라는 평이 있을 정도로 가격에 비해 예쁘지도 않고, 올드했다. 그러나 그는 새로운 젊은 세대의 구찌를 그만의 감각으로 풀어내며 'I feel Gucci(나 기분 최고야)'라는 유행어까지 만들어 냈다.

또한, 그는 더블 G 로고와 같은 구찌의 클래식 제품들을 다시 선보이며 디오니소스 핸드백과 같은 상징적인 제품들을 탄생시켰다. 이전에 구찌의 제품들에서 벗어나 남성복 컬렉션을 "여성스러움은 더욱 남성적으로 보일 수도 있다"라며 여성화 시키기 시작하며 구찌 자체를 포스트젠더리즘을 지향하는 브랜드로 변모시켰다.

구찌는 디자인에서만 변화된 것이 아니라 경영방식과 마케팅 전략도 차별화했다. 보통 명품회사에서는 유명 할리우드 스타들을 전면으로 내 상품을 노출했지만, 구찌는 인플루언서들을 통해 상품을 노출했다. 17세 래퍼 릴 펌프가 부른 '구찌 갱'도 이때 세상에 나왔다. 개성이 강한 밀레니얼 세대를 겨냥에 성공했고, 브랜드 손상을 막으면서도 젊은 층의 신규 고객들의 유입을 성공시켰다. 이로써 구찌는 더 이상 올드한 브랜드가 아닌 트랜드를 이끄는 브랜드가 되었다.

명품도 시대에 맞춰 변화해야 한다. 시대에 따라 트랜드가 바뀌는데 옛날 것만 고집하면 외면당할 수밖에 없다. 명품도 그럴진데 나를 브랜딩하기 위해서는 끊임없는 분석과 노력이 필요하다.

우리는 모두 각자의 브랜드를 가지고 있다. 이 브랜드의 원석을 어떻게 발견해내고, 발굴해내고 가공해내느냐에 따라 값어치가 달라진다. 그렇다면, 어떻게 해야 내 안의 브랜드 정체성을 깨울 수 있을까? 다음 질문에 답해보면서 찾아보자.

첫째, 나는 누구인가? 내가 잘하는 것, 할 줄 아는 것, 자신 있는 것은 무엇인가?

나는 어떤 원석이 있는 산맥인가 알아야 한다. 내 산에 에메랄드, 루비, 터키석, 사파이어, 다이아몬드가 가득하다고 해서 좋기만 할까? 아무리 내 산이 공기 좋고, 물이 좋아 다양한 종의 동물들이 살고 있고, 각종 식물이 자라며, 보석이란 보석은 다 갖고 있다고 해도 그중에 특출난 나만의 것이 필요하다. 이것저것 다 있는 잡종 산맥이 아니라 '천연 빛이 영롱한 에메랄드가 매장되어있는 산맥' 그 자체가 되어야 한다.

둘째, 여러 개의 페르소나 중 나만의 것, 나의 가장 핵심 요소는 무엇인가?

모든 사람은 여러 개의 페르소나를 가지고 있다. 엄마의 딸, 남편의 아내, 며느리, 중간관리자, 한 병원의 실장, 작가, 강사 등 수많은 역할을 해내야 한다. 이 중 내 메인 보석이 있어야 한다. 전부 다 멋지게 해내면 좋겠지만, 모두 잘하기란 어렵다. 이 중에서 메인이 되는 일이 있고, 그 외에는 균형을 맞춰나가야 한다. 예쁘고 반짝거리는 것을 싫어

할 사람은 없다. 그러나, 열 손가락 모두 다른 보석 반지를 끼는 사람은 없다. 메인 보석이 있다면, 나머지 반지들은 어울리는 원석으로 장식하거나 비슷한 느낌으로 레이어드 한다.

제각각인 모습들을 보기 좋다고 해서 모두 다 가지고 가기란 어렵다. 멋있고 동경하는 모습이더라도 내가 원하는 모습인지 생각하고 분류할 줄 알아야 한다.

셋째, 나만의 경험과 노하우를 포장해서 특별하게 만들 수 있는가?

나의 가장 핵심 요소를 찾았다면 여기에 플러스 차별화된 나만의 모습이 있어야 한다. 차별화라는 것이 남들은 하지 않는 1%를 찾아내서 뚫고 경쟁하라는 것이 아니다. 남들이 안 하는 데에는 이유가 있기도 하다. 차별화된 1%라 하더라도 수요가 없으면 강력한 힘이 생기지 않는다. 강력함은 '남이 하지 않는 것을 한다'가 아니다. 남들과 같은 것을 하더라도 나만의 강점을 더 해, 나만이 줄 수 있는 최고의 만족도를 주는 것에서 나온다.

이 세상에 없는 것을 새롭게 만드는 것은 어려운 일이다. 아이폰도 새롭게 만든 것이 아니라 있는 것을 색다르게 만든 것뿐이다. 이 세상에 혁신이라 부르는 것들은 모두 모방에서 비롯된다. 그러니 무언가 특별하고 새로운 것만을 찾아내려고 하지 말고, 많은 사람이 좋아하고 쉽게 찾는 평범한 아이템이더라도 내 경험과 노하우를 쏟아내 특별하게 만들어내면 된다. 있는 것을 어떻게 다르게 표현할 것인가? 이를 고민해야 한다. 이것이야말로 '진짜' 차별화다. 이때 타깃을 뚜렷하게 정해야 나의 강점에 에너지를 모을 수 있다.

넷째, 목표를 향해 가는 과정을 투명하게 보여줄 수 있는가?

'어쩌다 보니 사장이 되었다.', '그냥 열심히 하다 보니 실장이 되었다.' 이런 대답은 지루하기만 한 것이 아니라 그 사람의 대단해 보였던 모습이 단숨에 흥미를 잃게 된다. 공부 잘하는 사람에게 '공부 잘하는 방법'을 물어봤을 때 돌아오는 답변이 "교과서 위주로 공부했어요."라고 하면 다들 흥미를 잃는다.

하지만, "서울대에 가기 위해 내신 관리는 1학년 때부터 신경 썼고, 교내 대회를 비롯해 대회란 대회는 다 참가했어요. 그 와중에 성적이 떨어지지 않기 위해 동네에서 유명한 학원도 몇군데 다녔고, 방학 때는 단 하루도 쉰 적이 없어요. 정말 공부한 기억밖에 없는 거 같아요. 그렇게 열심히 한 덕분에 제가 쭉 좋은 성적을 유지할 수 있었고 마침내 서울대에 합격한 것 같아요."라는 답변을 들었을 때 더 대단해 보이고, 멋져 보인다. 그런 각고의 과정이 있었기 때문에 그 사람이 더 빛나 보일 수 있다.

요즘은 태어나보니 천재였던 이야기보다 '원래 찌질했던 사람이 이런저런 노력으로 지금의 자리까지 오를 수 있었고 그 과정은 이러했다.'라는 인간승리 스토리에 더 흥미를 가진다. 과정은 모두 숨기고 '짠' 하고 나타나는 사람은 '저 사람은 원래 잘했던 사람. 나는 못하는 사람'이 되어서 흥미가 생기지 않는다. 그 사람의 스토리도 별로 궁금하지 않다. 반면, 나와 같은 평범한 사람이 어떻게 노력했고, 어떤 방법을 썼는지 과정을 공유하는 사람에게는 끌릴 수밖에 없다. 그 사람의 목소리에 더 귀를 기울이게 된다.

이제 브랜딩은 '프로세싱'을 보여줄 때 더 빛이 난다. 그러니 다 보여주자. 내가 더 빛나 보일 방법이 있는데, 별것 아니라는 식의 말은 겸손한 사람이 아니라 구식으로 보인다.

다섯째, 그 과정에 나의 이야기가 담겨있는가?

모두 같은 핑크색 립스틱이라도 각각의 이름과 색깔이 다르다. 핑크, 딸기우유 핑크, 네온 핑크, 진 핑크, 다홍 핑크, 스트로베리 핑크, 코랄 핑크 등등 톤에 따라 가지각색의 이름이 붙는다. 널리고 널린 평범한 직장인이라고 하더라도, 자신만의 이야기가 담겨있으면 그 자체가 퍼스널브랜딩이다,

여섯째, 그 자체로 설득이 되는가?

개인의 브랜딩은 결국 누군가에게 이해가 되어야 한다. 내가 환자에게 하는 브랜딩도 마찬가지다. 나는 병원에서 근무하는 치과위생사다.

치과위생사로서 환자에게 프로페셔널한 모습을 보이는 게 브랜딩이다. 이때 환자에게 '그럴듯하게'가 아닌 '그렇게' 보여야 한다. 나의 말투, 사소한 제스쳐, 일 처리 모두 일치했을 때 신뢰도가 상승한다.

나의 말에 '그런가?' 하는 물음표가 생기는 것이 아니라 '그렇구나!' 하며 전적으로 신뢰할 수 있게끔 내가 환경이 되어주는 것이다.

일곱째, 나의 브랜딩에 AS가 가능한가?

변화를 관리하자. 개인의 브랜드의 방향을 정하고 꾸준히 나아간다는 것은 쉬운 일 같으면서도 쉬운 일이 아니다. 분명 정체기도 있을 것이고, 매너리즘에 빠지는 순간도 있을 것이다. 그때마다 슬기롭게 헤쳐나간다면 잠시 멈춰있더라도 앞으로 나아갈 원동력이 된다. 이때 발전하는 방향과 브랜드의 방향과도 동기화되어야 한다.

줄곧 말했지만, 브랜딩이란 대단한 게 아니다. 브랜드란 결국 이미지의 총합이기 때문에 우리가 충분히 의도적이고 의식적인 노력을 한다면, 자기 자신의 고유한 브랜드의 정체성을 깨우는 데에 성공할 수 있다.

여기 일곱 가지 질문에 대답하면서 하나씩 만들어 가보자. 지금 당장 아무것도 없다고 해도 질문에 답을 하다 보면 분명 나만의 것 하나쯤은 찾을 수 있을 것이다. 그게 시작이다. 내 안에는 나만의 브랜드가 잠들어있다. 이제, 잠든 아이를 깨우자. 당신이 바로 브랜드다.

찌질이에서 강사, 브랜딩 코치 대표로

이미지메이킹에도 전략이 필요하다.

이를 잘 활용한 대표적인 인물이 바로 '존 F. 케네디'다. 존 F. 케네디는 미국의 35대 대통령으로 정치계에 이미지메이킹을 도입한 최초 인물이다. 그는 미국 대통령 선서 사상 처음으로 열린 텔레비전 토론회에서 세련된 패션, 자신감 넘치는 제스쳐, 여유만만한 표정 등을 이용한 이미지 리더십으로 당당히 당선을 거머쥘 수 있었다.

당시에 또 다른 대통령 후보였던 '리처드 닉슨'은 이미 정치 거물로 불리며 압도적인 지지를 받고 있어서 판을 뒤집기는 어려운 상황이었다. 미국의 어떤 누구도 존 F. 케네디가 당선될 것이라 예상하지 못했다고 한다. 그런데도 당선이 될 수 있었던 결정적인 계기는 TV 정책토론이었다. 그 당시 텔레비전이 보급되던 시기라 TV 정책토론은 미국 역사상 최초의 TV 연설이었다. 당시 존 F. 케네디는 이미지메이킹을 굉장히 중요하게 인식해 전략적으로 넥타이부터 헤어스타일, 표정, 보디랭귀지까지 심도 있게 연구했다고 한다. 대중 앞에서 자신을 전략적으로 어필했고, 본인 특유의 자신감 있고 여유 있는 태도로 닉슨을 압도하며 선거 결과를 뒤집었다.

'TPO' 즉 때와 장소, 목적에 따른 이미지 브랜딩 전략은 굉장히 효과적이다. 이미 목표가 명확하므로 그에 따른 전략도 구체적일 수밖에 없다.

존 F. 케네디의 승리의 이유는 많은 관점에서 해석되고 있다. TV에서 보이는 존 F. 케네디의 자신감 있는 말투, 유려한 화법, 잘생긴 외모, 본인에게 딱 맞아떨어지는 슈트 등 많은 플러스 요인들이 있다. 하지만 이 중 제일로 꼽히는 것은 역시 '태도와 여유'였다. 태도와 여유는 꾸며낸다고 꾸며지는 것들이 아니다. 그 사람의 내면에 잠재되어 있을 때 자연스럽게 나오는 것이다. 그래서 사람들이 더 매력적으로 느끼게 된다.

"당신이 어떤 일을 하느냐가 중요한 것이 아니라, 다른 사람들이 당신이 어떤 일을 한다고 생각하느냐가 중요하다."라는 앤디 워홀의 말처럼 다른 사람에게 내 브랜드를 각인시키기 위해서는 전략이 필요하다. 전략 중 한 가지인 'ABC'는 Appearance(외모), Behavior(행동),

Communication(언어)을 말한다. 하나씩 살펴보면 Appearance(외모)는 외적인 모습과 스타일링, Behavior(행동)은 성향, 자세와 행동을, Communication(언어)는 경청과 말투, 대화를 말한다. 한 가지 영역에서만 특출나다고 해서 매력적인 사람이 되지는 않는다. 각 영역이 조화로울 때 끌리는 매력이 만들어진다.

기업마다 원하는 인재상이 다른 것처럼 만나는 사람들도 원하는 이미지가 각각 다르다. 관계나 목적성에 따라서도 달라진다. 직업이나 직책, 환경에 따라 이미지메이킹을 전략적으로 해야 한다.

키 163cm에 몸무게 63kg. 다소 뚱뚱한 체형에 정리되지 않은 머리카락과 민낯, 도수 높은 뿔테안경에 정체를 알 수 없는 구제패션까지. 바로 스무 살의 내 모습이다. 나는 정말 찌질했다. 그런 내가 현재는 자기관리가 잘 되어 보이는 커리어우먼의 이미지를 가지게 되었다.

물론 처음부터 한큐에 도시 여자의 느낌이 나지 않았다. 지금껏 살아왔던 나의 라이프스타일이 있고, 취향이 있어서 한 번에 바꾸기는 쉽지 않았다. 멋모르고 멋져 보이는 것들을 다 따라 해본 덕분에 중간중간 오히려 더 촌스러워지기도 했다. 다년간 수백 개의 스타일링 실패를 해보며 느낀 결과, 마냥 따라 해서는 그 사람처럼 보이기 어렵고, 그 사람의 인생을 살기 어렵다는 것을 깨달았다.

나는 여유 있고, 세련미 넘치면서 지적인 도시 여자의 느낌을 동경했다. 살짝 내리 깐 눈빛도 매력적이고, 당당하게 바라보며 걷는 모습도 너무 멋있다. 그런 멋진 커리어우먼이 되고 싶었다. 그러려면 우선 커리어우먼처럼 보이는 사람들의 옷차림을 알아야 했다. 그들이 즐겨 하는 액세서리 스타일, 헤어, 메이크업, 네일아트, 운동 방법, 하루 루틴, 심지어 텀블러까지. 그들의 모든 관심사가 궁금했다. 그들의 일상 속을 들어가 볼 수는 없었지만, 최대한 조사를 하고 따라 했다. 역시나 따라 한다고 해서 도시 여자가 되기란 어려웠다. 시골 촌 동네에서 살면서 한 번도 도시 여자로 살아본 적이 경험이 없기에 더 어려웠다. 스스로 평가했을 때 특유의 여유로움이나 분위기가 없었던 것 같다.

그런 시골 여자가 각고의 노력 끝에 도시 여자로 보인다는 말을 22년 1월 말에 듣고야 말았다. 나는 세련됐다는 말을 듣는 것을 참 좋아한다. 내 노력의 산물이기 때문이다. 나의 전후 사진을 보여줄 수 없어 유감스럽지만, 고등학교 동창이나 대학교 동기들은 나의 변화가 아주 센세이션했다고 한다.

직장 내에서 막내였지만, 팀장이 되고 싶었을 때는 전문적으로 보이려고 말투를 고쳤다. 갑작스러운 고객의 질문에 당황하더라도 절대 '저는 잘 몰라요, 잠시만요'라고 답변하지 않고, 몰라도 '네, 방금 말씀하신 부분은 원장님께 전달하겠습니다. 확인 후에 자세히 설명해주실 거예요'라고 말했다. 주의사항이나 동의서를 받을 때는 말을 더듬거나 잘 모르는 사람처럼 보이지 않도록 유창하게 말하는 것을 연습했다. 각종 재료가 묻어있는 유니폼은 항상 깨끗하게 관리해 좋은 냄새가 날 수 있도록 했고 머리는 단정하게 정리했다. 나 스스로가 준비되니 여유가 생겼고, 표정과 표현이 다채로워졌다. 이러한 변화는 고객들이 바로 알아봤다. 같은 유니폼을 입고 있어도, 같은 직책에 있어도 나를 팀장으로 봐주기 시작했다.

이직 후, 실장이 되겠다고 결심한 순간, 나는 이미 전문적인 사람이 되어있었다. 보여주기만을 위한 이미지경영이라고 생각했는데 나의 내면과 배경지식도 함께 경영되고 있었다. 직원 중 가장 낮고, 어린 내가 원장님에게 "선생님은 제가 원하는 실장 이미지를 갖고 있네요. 오래 같이 일해봐요."라는 이야기를 듣게 되었을 때 이미 치과위생사로서의 이미지메이킹은 성공했다.

이제 나는 실장을 넘어 강사가 더 잘 어울리는 사람이 되었다. 강사가 되기 위해, 유능한 강사로 보이기 위해 또다시 이미지메이킹을 했기 때문이다. 여기서 멈추지 않고, 나는 더 높은 곳을 향해 달리고 있다. 머리부터 발끝까지 퍼스널 브랜드를 만들어 주는 코치이자 회사를 이끄는 대표로 거듭나기 위해 또 다른 도전을 하고 있다. 아마도 이 도전은 금방 이루어질 것이다. 이미 내게는 '최적화 이미지메이킹'이라는 엄청난 도구가 있기 때문이다. 누구도 따라 할 수 없는 독보적인 노하우로 가장 빨리 결과를 만들어 낼 수 있다.

나는 어떤 사람이 되고 싶은가? 나의 꿈과 삶에서 이루고 싶은 모습이 되기 위해서는 어떤 목표를 가지고 이미지경영을 해야 하는가? 이에 필요한 나의 ABC 전략은 무엇인지 깊이 고민해 보고 하나씩 만들어가자. 나를 들여다보면 나를 잘 알게 되고, 나의 능력에 대한 신뢰와 믿음이 태도와 여유로 뿜어져 나올 것이다.

찐 능력자로 인정받는 '메타인지'

주변에서는 나를 보고 '뭘 해도 잘 먹고 잘살 사람'이라고 한다. 최근에 들었던 말로는 '무인도에 가면 왕국을 세울 사람'이 있다. 나는 사실 모든 것에 두각을 나타내고, 남들보다 월등하게 뛰어난 사람이 아니다. 그저 '평범'하고 '이도 저도 아닌 능력치'를 가진 사람이다.

단순한 겸손이 아니다. 사실이다. 그런데도 나는 그 평범하고 이도 저도 아닌 능력치를 가지고 모두가 인정하는 '능력자'의 타이틀을 가질 수 있었다.

나에 대해 고민하고, 취향에 대해 생각하고, 니즈에 대해 연구하다 보니 터득한 것들이 있다. 그중 어떤 일을 해도, 어떤 포지션에 있어도 눈에 띄고, 결국엔 찐 능력자로 인정받는 '메타인지'에 대해 공유하고

자 한다.

'메타인지'는 자신의 인지적 활동에 대한 지식과 조절을 의미한다. 쉽게 말해 무언가를 배우거나 실행할 때 내가 아는 것과 모르는 것을 정확히 파악할 수 있는 능력이다.

이 능력이 탁월한 사람은 자신이 모르는 부분을 보완하기 위한 계획을 세우고, 계획의 실행과정에서 빠르게 학습하며 본인만의 것으로 흡수시킨다. 구체적으로 어떤 능력과 행동이 필요한지를 기민하게 캐치하고, 이를 기반으로 전략을 세운다. 남들보다 앞서나가는 순간이다.

뭘 해도 잘 되는 사람들의 특징 중에 하나 역시 '메타인지'가 높은 사람이다. 자기 자신을 객관적으로 바라보기 때문에 되는 일만 골라서 한다. 그러니 뭘 해도 잘 되는 것처럼 보일 수밖에! 나에 대해 잘 안다는 것은 완벽한 전략을 세울 수 있다는 것과 같다. 적을 알고 나를 알면 백전백승이라고 하지 않는가? 그런데 대부분은 적에 대해 공부하고 나에 대해 공부하지 않는다. 나에 대해 잘 알고 있다고 '착각'한다. 모르는 것은 부끄러운 일이 아니다. 그러나 알아야 할 내용을 모르는 것은 꽤 위험하다.

내가 실습생 시절 때의 일이다. 원장님께서 갑자기 "수지 쌤 어딨어?"라고 질문하셨다. 그때 당시 원장님이 어떤 재료를 찾는 시늉만 해도 총알같이 튀어 나갔었다. 뭔지 모르면서도 일단 달려가고 보는 것이다. 그렇지만 이번에는 아는 것이기 때문에 당당하게 수지 선생님을

불렀다. "수지 쌤, 원장님께서 찾으세요!" 갑작스러운 원장님의 호출에 수지 선생님은 당황했지만 나를 따라 원장님 계시는 곳으로 이동했다.

수지 선생님과 진료실로 들어오는 위풍당당한 나를 보며 어시를 보던 선생님과 원장님은 박장대소를 했다. 원장님께서 찾으시던 것은 다름 아닌 '후지셈'이었던 것이다. 치과 재료 중에 보철물을 합착할 때 쓰는 '후지셈'이라는 시멘트(cement)가 있다. 몰랐던 나는 '내가 알고 있는 후지셈'이 '수지 쌤'이었던 것이다. 이런 일화는 실습생이기에 귀여워 보일 수 있다. 다만 연차가 있는 선생님이 이런 실수를 했다면 마냥 귀여워 보이지는 않았을 것이다.

S 치과에서 실장으로 일할 때의 일이다. 아침마다 예약 표를 보며 브리핑하는데 그날은 중요 수술환자가 있어 원장님이 특히 강조하며 말씀하셨다.

오늘 김00 환자분 2시 임플란트 수술 있습니다. 상악동 천공 위험으로 당일 식립 어려울 수도 있지만, 조심스럽게 접근해보겠습니다. '사이너스키트' 준비해주세요."

그 자리에 있던 모두가 "네, 알겠습니다."라고 대답하고 해산했다. 그리고 오후 진료가 시작되었다. 까다로운 수술이다 보니 원장님은 고년차 선생님이 어시스트를 들어오길 희망했다. 그렇게 수술 준비를 한 B 직원. '연차가 있으니 어련히 알아서 잘하겠지'라고 생각한 나는 수술 준비과정을 따로 체크하지 않았고, 다른 환자분을 응대하고 있었다. 바쁘게 진료하던 원장님은 수술환자 마취 시각을 확인한 후 수술실로 들어갔다. 그리고 얼마 되지 않아 큰 소리가 들렸다. 놀라서 수술실로 달려가니 준비하라는 사이너스키트와 관련된 기구가 아무것도 준비되지 않았고 원장님은 화나 난 채로 글러브를 벗어 던졌다. 환자분도 놀랐는지 체어에 앉아 굳어있고, B 직원은 울고 있었다. 저년차 선생님들은 아직 경험이 없어 내용을 모르니 원장님이 왜 화나셨는지 상황 파악이 안되어 눈알만 굴리고 있었다. 우선 당황하셨을 환자분께 죄송하다고 말씀드리며 상황을 수습했다. 나는 B 직원에게 더 이상 말은 꺼내지 않고, 수술 준비하는 것부터 어시스트의 역할을 대신하며 직접 보여줬다.

수술이 끝나고, 모두 정리할 때 B 직원이 우물쭈물 다가왔다. 급하게 준비하느라고 그랬다며 변명 아닌 변명을 늘어놓았다. 사실 그 선생님은 상악동 수술 준비에 대해 모르고 있었다. 그런데 이제 와서 모른다고 말하는 게 창피하기도 하고, 내게 도움을 요청하기도 그렇고, 상악동은 뭔지 아니까 '어떻게든 되겠지' 하며 상황을 모면하려고만 했다.

인지심리학자들이 좋아하는 말 중의 하나가 있다.

"세상에는 두 가지 종류의 지식이 있다. 첫 번째는 내가 알고 있다는 느낌은 있는데 설명할 수는 없는 지식이고 두 번째는 내가 알고 있다는 느낌뿐만 아니라 남들에게 설명할 수도 있는 지식이다. 두 번째 지식만 진짜 지식이며 내가 쓸 수 있는 지식이다."

우리는 가끔 첫 번째 지식에 속아 자만한다. 실제로 정확하게 알지 못하면서도 내가 잘 알고 있다고 착각한다. 아마도 이런 경험을 한 적이 있을 것이다. 뭔지는 아는데 이것의 정확한 기전이나 작동원리를 설명할 수 없는 것들이 여기에 해당한다.

예전에 컨설팅을 했던 치과에서의 일이다. 컨설팅을 본격적으로 진행하기 전에 직원들에게 본인의 업무 역량평가를 하는 설문지를 배부했다. 각 병원에서는 환자 관리, 예약, 차팅, 청구 등의 기능을 하는 프로그램을 사용하는데 그 치과에서는 '덴트웹'이라는 치과 프로그램을 사용했다. 설문지 확인 결과, 직원들 모두 사용을 잘 하는 편이라고 셀프 평가를 했다. 하지만, 실상은 전혀 달랐다. 기본적인 간단한 것들만 할 줄 알았지 활용은 전혀 하고있지 못했다. 그러면도 덴트웹을 다 안다고 생각했다.

덴트웹은 누구나 쉽게 사용할 수 있는 정말 똑똑한 프로그램이다. 그러나, 기본적인 기능만 사용하는 것과 우리치과에 맞는 프로그램으로 셋팅하는 것과는 큰 차이가 있다. 덴트웹을 파고들면 포스트잇이나 메모 기능, 환자 분류, 컴플레인, 자동 리콜, 묶음 진료 처치 등을 사용함으로써 일의 능률이나 업무의 질이 수직 상승할 수 있다. 하지만 꽤 많은 직원들은 단순히 덴트웹이라는 프로그램을 매일 사용하기 때문에 잘 안다고 착각한다.

첫 번째의 지식은 생각보다 위험하다. 그리고 그 지식만으로는 결단코 성장할 수 없다.

나는 메타인지가 잘되는 사람이다. 갖고 싶은 다른 사람의 성공을 보며 나름의 오답 정리를 한다. 물론 그 성공만이 정답이라고 생각하지 않는다. 그 사람의 과정과 결과를 보며, 나에게 대입할 수 있는 것들을 캐치하고 적용한다. 내 부족한 점을 빠르게 보완시킬 방법이기 때문이다.

나는 창의성이 부족한 사람이다. 하지만 모방하는 능력은 누구보다 탁월하다. 이는 자칫하면 'Fake'가 될 수 있어 주의해야 한다. 나는 모방에서 그치지 않고, '내 것'으로 만들어 낸다. 이것이 내 부족한 점을 빠르게 보완하는 방법이기도 하다.

당신은 무엇이 부족한가? 그 부족함을 보완시킬 방법을 알고 있는가? 이미 알고 있다면 당신은 다른 사람보다 먼저 출발한 셈이다.

제2장
프로 N잡러 : 나를 어필하라

겸손의 시대는 지났다

'낭중지추'라는 사자성어가 있다. 주머니 속의 송곳이라는 뜻으로, 재능이 뛰어난 사람은 숨어 있어도 저절로 사람들에게 눈에 띈다는 뜻을 가지고 있다. 하지만 백이면 백, 무조건 다른 사람의 눈에 띈다는 보장은 없다.

갈고 닦은 검을 빛을 보게 하려면 뭐라도 썰어서 보여주거나, 빛이 잘 드는 곳에 멋있게 진열해야 한다. 나만 내 진가를 몰래 알고 있는 것은 수요가 없을 수밖에 없다. 누군가 필요로 할 때 찾아오기를 바라기만을 할 수도 있지만, 필요로 할 사람에게 내가 찾아가 초인종을 누를 수도 있어야 한다.

겸손이 미덕이던 시대는 현재의 트랜드가 아니다. 지나친 겸손은 되려 자신감이 없어 보이고 본인의 가치를 못 알아보는 무지한 사람이 되어버린다. 단순히 '운이 좋아서'라고 하더라도 내가 이루어 놓은 것을 스스로 과소평가하지 말자. 아무리 하찮은 능력이라도 굳이 내가 낮출 필요가 없다.

자만하며 으스대라는 것이 아니다. 단지, 스스로의 능력치를 잘 알고, 나라는 사람이 정확하게 파악이 된다면 이는, 사람들에게 '나를 찾아야만 하는 이유'를 하나 더 만들어 주는 것과 같을 뿐이다.

4년 전의 일이다. 그 당시 다니던 치과에서 경력직 치과위생사를 채용했는데, 칭찬에 인색하던 원장님께서 환영회 때 그 선생님을 칭찬했었다. "○○쌤 꽤 하던데? 잘하대~기대가 커요." 이 말에 그 선생님은 당황하며 "아니에요, 아니에요. 저 진짜 못해요. 여기 선생님들이 훨씬 더 잘하시죠. 전 아니에요. 못해요."라며 '아니에요'라는 말을 계속해서 반복하며 대답했다. 칭찬하신 원장님도 머쓱, 지켜보던 우리도 머쓱한 순간이었다. 그 이후에 원장님께서도 특별히 그 선생님께 칭찬하지 않았고, 그날의 어리숙한 모습에 중요한 업무를 시키지도 않게 되었다. 칭찬했던 이유가 사라졌기 때문이다. 어쩌면 '내가 잘못 생각했나?' 혹은 '단순히 운이 좋았나?'라고 생각할 수도 있다. 지나친 겸손이 오히려 오해를 불러일으킬 수 있다.

꽤 많은 사람이 본인에 대한 칭찬을 과한 겸손으로 부정한다. 하지만 칭찬을 칭찬으로 기분 좋게 받아들이면 오히려 더 매력적으로 느껴지기도 한다.

예를 들어, "이슬씨, 못하는 게 뭐예요? 치과 다니면서 강의도 하시고, 책도 쓰시고 정말 대단하시네요!"라는 말에 "아, 아니에요~다른 유명하신 분들에 비하면 그냥 하는 거죠~"라는 답변만 하고 대화를 종료시키는 경우보다 "오, 정말요? 좋게 봐주셔서 감사합니다. 요즘 참 열심히 했는데, 이렇게 00님 덕분에 칭찬을 들으니 기분이 좋네요."라고 대답을 하는 것이다. 그 말 하나로 나는 좀 더 나이스한 사람이 될 수 있다.

여기서 말로만 그치지 않고, 시각적으로 접근해 나의 성과물을 경력기술서나 포트폴리오 등으로 보여준다면 나는 훨씬 더 대단한 사람으로 보일 것이다.

포트폴리오는 자신의 실력을 보여줄 수 있는 작품이나 관련 내용 등을 집약한 자료 수집철 또는 작품집이라는 뜻으로 보통 디자이너가 본인의 작업물을 시각적으로 보여주기 위해서 제작한다. 그런 의미를 가지고 있는 포트폴리오를 치과위생사인 내가 만들기 시작했던 건, 이력서에 적은 내용이나 면접 때 이야기 했던 것들 외에도 스스로를 더 잘 표현하고, 실력이나 능력을 객관적으로 수치화해서 보여주기 위해서였다.

포트폴리오는 본인의 목적이나, 강조하고자 하는 것에 따라 달라질 수 있다. 동기부여가 될 수 있고, 급여 협상이나 이직이 되기도 하며, 재평가의 목적을 가지고 있기도 한다. 나는 해마다 재평가의 목적으로 포트폴리오를 작성해 원장님께 제출했다. 그 과정 중에서 동기부여가 되었고, 재평가와 급여 협상의 결과물을 가질 수 있었다. 지금은 나를 PR 하는 시대다. 이제 겸손의 시대는 지났다. 내가 잘하는 것은 어필해야 한다. 하지만 과하게 포장만 하려하면 되려 부작용이 크기 때문에 주의해야 한다. 보기 좋은 떡이 맛도 좋지만, 먼저 맛있어야 한다.

이렇게 준비가 되어있는 사람에게는 언제든 기회가 찾아온다. 그리고 그 사람들은 자신의 타이밍을 만들어 내기도 한다. 이 타이밍을 만들어내고, 기회를 잡아 어필하는 사람은 준비된 사람뿐이다.

조금만 더 자신감을 가져보자. 나에 대한 확신과 믿음을 가져보자. 이 변화는 곧 태도를 바꿀 것이다. 태도가 바뀌면, 하루가 바뀌고, 하루가 바뀌면 인생도 바뀐다.

지금은 나를 PR하는 시대

다른 사람에게 나의 장점과 강점을 어필하는 것은 '나'라는 상품을 잘 보이게 진열하는 것과 같다. 시장 바닥에 대충 아무렇게나 박스째로 진열한 과일보다, 백화점에서 깔끔하게 진열된 과일이 더 먹음직스러워 보인다. 조금 더 비싸더라도 선물용 제품은 백화점에서 사는 이유다.

'나는 그저 나야'라며 알아서 내 진실한 마음을 알아주고, 내 능력치를 측정해 주길 바란다면 그건 잘못된 생각이다. 내가 아무것도 보여주지 않았는데 어떻게 상대방이 나를 판단할 수 있을까? 그건 겸손을 넘어 교만일지도 모른다. 나를 제대로 보여주고 싶다면 그만큼 내 겉모습과 내면까지 모두 갈고닦아야 한다.

나는 동그란 모양도 아니고, 네모난 모양도 아니고, 다이아몬드 모양도 아닌 빚다 만 송편같이 제각각의 모양이지만, 둥그런 모습을 원하는 사람에게는 둥그런 모습을 보여주기도 하고, 네모난 모습을 원하는 사람에게는 네모난 모습을 보여줄 수 있다. 나는 다이아몬드는 아니지만, 기꺼이 나를 빛내줄 수 있는 곳으로 가, 반짝임을 내보이고야 마는 사람이다.

자기 PR이라는 것은 언뜻, '과시'로 보일 수 있지만, 엄연히 과시와는 다르다. 결국 '나'라는 상품 판매다. '나'라는 사람이 특별한 이유에 대해 말을 하는 것은 나에 대해 잘 모르는 상대에게 알려주기 위함이다. 상품 판매를 하기 위해 마케팅을 하는 것과 같다. 이 제품이 왜 좋은지, 어떤 성능과 효능을 가지고 있는지 설명해 줘야 한다. 다른 수많은 제품 중에서 무엇이 특별한지, 구입하면 어떤 이점이 있는지까지! 상대의 이득까지도 설명할 수 있어야 한다.

이 마케팅이 잘 돼서 다른 사람이 나를 찾는다면 1차적인 성공을 이룬 셈이다. 내게로 유입이 돼서 결국 '나라는 상품을 파는 것'까지가 마케팅과 판매전략이다. 이후, 나라는 사람의 후기와 평가가 좋다면 그들은 기꺼이 나에 대한 평가의 말을 옮겨줄 것이다. 브랜딩은 나로부터 시작하지만, 타인으로 인해 완성된다.

나는 세 번째 직장에 면접을 보면서부터 이력서를 한 장만 제출하지 않았다. 첫 장에 이력서, 두 번째 장부터는 경력 기술서를 적어냈다. 내가 지금까지 어떤 업무를 해왔고, 어떤 업무를 잘하며 어떤 장점이 있는지. 그리고 그것들이 조직 내에서 어떤 영향을 끼쳤는지를 작성했고, 마지막 장에는 자기소개서와 포부를 적은 6~7장 정도의 포트폴리오를 만들었다. 되도록 객관적이고, 수치화할 수 있도록 사실에 기반한 평균값이나 그래프를 만들어 삽입했다.

나의 첫인상은 면접부터가 아닌 셈이다. 포트폴리오를 통해 강렬한 인상을 주고, 면접에서는 뒷받침할 수 있는 이야기들을 풀어냈다. 신규 개원 치과에 입사했을 때의 이야기다. 이미 실장님과 스텝 채용이 끝난 상태로 다른 직원들이 있었고, 내가 막내였다. 막내였음에도 불구하고, 원장님은 내게 가장 많은 질문을 했다. "선생님은 이런 식으로도 진료 해봤어요?"등의 경험 여부를 물어보기도 하셨지만, "선생님은 어떻게 생각해?" "선생님은 어떻게 했으면 좋겠어요?"등의 의견을 물어보는 질문이 가장 많았다.

나는 꽤 신뢰받고 인정받는 직원이 되었다. 거기서 만족하지 않고, 원장님이 생각하는 '가장 일 잘하는 직원'이 되기 위해 많은 공부를 하며 원장님의 진료 스타일에 맞춰나갔다.

묵묵하게 일하는 직원이 있는 반면에, 일 처리를 할 때마다 눈길을 받는 직원이 있다. 나는 후자에 속했다. 그리고 그 기회를 놓치지 않고, 급여 협상을 했다. 다른 직원들이 매년 10만 원씩 올라 2년 동안 20만 원이 오를 때, 나는 60만 원을 올렸다. 내 PR이 제대로 먹혀들어 간 것이다.

직장에서든 일상에서든 사업에서든 적절한 자기 PR을 통해 성과를 인정받고, 호감을 얻을 수 있다. 상사와 고객들은 유능하고 호감이 가는 사람에게 일을 맡기고 싶어 한다.

나 같은 사람은 셀프로 PR 하는 것이 어렵지 않은 일이지만, 또 어떤 사람에게는 자신의 성취를 스스로 알리는 게 어려울 수 있다. 겸손과 미덕이라는 우리 사회의 정서도 한몫했으리라 생각한다. 하지만 자신을 한도 끝도 없이 낮추고, 지나치게 겸손하기만 하다면, 좋은 결과도 매력이 증발할 수 있다.

우리는 자기 PR이 필요한 세상에 살고 있다. 과시와 자랑을 하라는 게 아니다. 실력과 자신감의 균형을 잘 유지하고, 성과만 강조하기보다 자신의 이야기가 들어간다면 좀 더 매력적인 사람으로 보인다. 내 값어치는 남이 정하는 것이 아니라 내가 정한다. 언제 자신을 PR 해야 하는지, 어떻게 자신을 PR 하며 드러내야 하는지 알고 있다면, 그 사람은 어떤 환경에서든 성공할 수 있는 사람이다.

어쩌다보니 N잡러

몇몇 사람들은 내가 다재다능하기 때문에 N잡러가 될 수 있었다고 말하고, 몇몇 사람들은 '운이 좋았다.'고 말하기도 한다. 모두 다 맞다.

하지만, 내가 N잡러가 된 진짜 이유는, 결국 이것저것 다 '시작'해봤기 때문이다. 하고 싶은 일이 많고 호기심이 많다 보니 뭐든 다 해봐야 직성에 풀렸고 하나 보니 운이 따라왔다. 당시에는 '난 이렇게 해서 유명해질 거야.'라는 생각보다는 그저 재미있어서, 즐거울 것 같아서 선택한 것이다. 단순히 많은 일을 한다는 것이 N잡러가 아니다. 다만 그 경험이 N잡러가 되는 길에 부스터를 달아준다.

"그건 너라서 그냥 잘 된 거 아냐?"

많은 사람이 잘 된 사람들을 보며 이렇게 생각한다. 그건 그 사람이 특별한 것이고 타고난 능력이 있었기 때문이라고. 그런데 그들의 말을 들어보면 전혀 그렇지 않다. 우리와 같은 평범한 사람이었다. 단 하나 달랐던 것은 '꾸준함'과 '끈기'였다. 절대 포기하지 않고 끝까지 나아가는 힘. 옆에서 어떤 말을 해도 흔들림 없이 나아가는 힘. 그게 그들의 위치를 만드는 것이다.

우리에게도 있다. 다만 자꾸만 흔들리며 포기하기 때문에 1m 남겨놓고 다시 제자리로 돌아가는 경우가 많다. 지나고 보면 '조금만 더 해볼걸. 그러면 나도 할 수 있었을 텐데.'라며 후회하기도 한다. 하지만 그 당시에는 확신이 없다 보니 자꾸만 남들의 말에 귀 기울이게 되는 것이다.

나 역시 지극히 평범한 사람이다. 나보다 더 대단한 사람들을 보며 스스로에게 실망할 때도 있고, '나는 왜 저렇게 되지 못했을까?' 한탄하며 타인의 성공을 나의 잣대로 삼을 때도 있었다. 다만, 여러 가지 일을 시작하고 실패하며 나의 행동력과 추진력은 특별하다는 것을 깨달았다. 나에게는 나 자신을 움직이게 하는 힘이 있다.

치과위생사는 보통 진료실에서 근무를 한다. 연차가 쌓이면서 진료팀장이 되기도 하고, 나처럼 데스크로 나와 실장이 되기도 한다. 그리고 보통은 그게 다이다. 정년까지 실장을 쭉 하던지, 직책을 내려두고 파트타임으로 근무하던지. 혹은 가정을 위해 퇴사하던지. 여기서 더 나아가면 강사가 될 수 있고, 병원 컨설턴트가 될 수도 있고, 치과 관련 재료상이나 임플란트 회사, 보험 청구 프로그램 회사 등에 취직할 수도 있다. 하지만 대부분은 치과에서 끝까지 직원으로서 근무한다. 직책은 달라지겠지만 하는 일은 별만 다르지 않다.

회사도 마찬가지다. 사원으로 입사해 주임, 대리를 달고 과장, 부장, 임원까지 갈 수 있는 사람이 있고 아닌 사람이 있다. 그리고 퇴사든, 명예퇴직이든 그렇게 회사생활이 종료된다. 하지만, 그렇다고 인생이 종료되는 것은 아니다. 퇴직은 하지만 앞으로 살아갈 날이 40~50년은 더 남았다. 그 이후 어떻게 살 것인지 고민이 필요하다.

나는 치위생사라는 직업이 천직이라고 생각했다. 치과 실장을 하기 위해 태어난 것만 같았다. 좋아하고 잘하는 일을 직업으로 가질 수 있음에 감사했다. 스스로 프라이드도 굉장히 높았다. 그래서 좀 더 내 일을 잘하고 싶은 마음에 병원 전문 강사로 진출했다. 그렇게 두 번째 직업인 강사 타이틀을 얻게 되었다.

본격 전문직업인으로서의 이미지메이킹을 시작하게 되었을 때, 스타일링에 맞는 액세서리 때문에 고민이 많았다. 매일 같은 유니폼을 입기 때문에 귀걸이나 목걸이 등에 포인트를 주며 나의 무드에 변화를 주고 싶었다. 매일 다른 헤어 메이크업을 할 수 없었기 때문에, 기분에 따른 귀걸이를 선택하는 것이 즐거움이 되었다.

많은 액세서리들을 구입하고 착용해 보니 아쉬운 점들이 보였다. 내 취향과 관련된 일이었는데, 전체적인 디자인은 마음에 들었지만 큐빅의 모양이 마음에 들지 않거나, 이음새가 거슬리거나 색상이 별로거나, 위치가 아쉽거나 하는 등 지극히 개인적인 이유에서였다.

'이럴 바에는 내가 하나 만들겠다.' 내 취향은 내가 잘 아니까, 나에게 맞는 액세서리를 직접 만들어보자는 생각에서 시작됐다.

이 생각은 곧바로 나의 세 번째 직업을 만들어 주었다. 내가 할 줄 알아서, 귀금속 공예 자격증이 있어서, 장사를 해본 적이 있어서 시작한 게 아니었다. 시작은 고민과 생각의 확장부터이다. 그리고 '행동력'이다. 핸드메이드 액세서리 사업을 하며 나는 대표님 소리를 듣게 되었다. 그리고 브랜딩에 걸음마를 뗄 수 있었던 계기가 되었다.

이 시기쯤 나의 생각과 성장 스토리를 담은 에세이를 출간하게 되었다. 단순히 내가 좋아하는 작가님이 글쓰기 과정을 모집한다는 말에 덜컥 신청했고 매일 글을 쓰면서 어릴 적 꿈을 다시금 떠올렸다. 한때 작가가 되지 못한다는 현실에 좌절하며 낙담했었는데 이렇게 큰 계기 없이, 갑작스럽게도 시작할 수 있다는 사실이 놀랍기도 했고 벅차오르기로 했다. 이래서 다들 '인생은 끝날 때까지 끝난 게 아니라고 하는구나' 생각했다. 그렇게 작가라는 4번째 직업이 시작되었다.

사실은 남들도 다 가지고 있는 그 흔해 빠진 재능들이 모여 나를 N잡러로 만들었다. 누구나 이런 능력이 있다, 뛰어나지는 않지만 귀여운 캐릭터 하나 정도는 그릴 수 있는 그림 실력, 성우까지는 아니지만 여러 사람의 목소리 흉내를 내는 능력, 베스트셀러까지는 아니지만 그럭저럭 써내려가는 글쓰기 실력, 트레이너까지는 아니지만 꾸준한 운동으로 건강한 몸을 유지하는 법을 알고 있는 것 등 별것 아닌 능력들이 모이면 최고의 무기가 된다. 이 무기를 어떻게 활용하느냐에 따라서 엄청난 재능이 될 수 있고, 손 야무진 동네 언니로 살다가 끝날 수도 있다.

단연코 최고의 투자는 나 자신에게 하는 것이다. 아무도 그것을 나에게서 빼앗아 갈 수 없다. 나에게도 언제가 되었든, 어떻게 시작을 하든 돈을 벌 능력이 있다는 것을 잊지 말자. 사소하고 하찮은 능력이라도 누군가에게는 큰 깨달음이 될 수 있고, 노하우가 될 수 있다.

직업이 여러 개라고 N잡러는 아니야

　나는 여러 개의 직업을 가진 'N잡러'이다. 10년 차의 치과위생사이며, 치과 총괄실장으로 근무하고 있다. CS 강사로, 보험설계사로 활동하고 있으며 병원 컨설팅, 병원 강의, 서비스 코칭을 하는 기업 '덴시스'의 대표직을 맡고 있다. 21년 《나는 대충 살기 위해 열심히 산다》는 에세이를 출간하며 작가 타이틀도 얻었고, 지금까지 나열했던 일들과 전혀 관계없는 핸드메이드 액세서리 '뚜뜨'의 대표이기도 하다. 얼마 전에는 치과를 퇴사하고 슈리씨케이크라는 앙금 플라워 떡케이크 전문 공방을 차렸다. 주변 사람들이 퇴사 후 나의 행보에 놀라곤 했지만 나는 이런 일이 재미있다. 예측 불가능한 일을 할 때 가장 즐겁다.

　'N잡러'란 2개 이상 복수를 뜻하는 'N'과 직업을 뜻하는 'job', 사람을 뜻하는 '~러(er)'가 합쳐진 신조어로 '여러 직업을 가진 사람'이란 뜻이다. 본업 외에도 여러 부업과 취미활동을 즐기며 시대 변화에 언제든 대응할 수 있도록 전업이나 겸업을 하는 이들을 말한다.

　그런 의미에서 나는 몸이 하나인 것치고 굉장히 많은 직업을 가지고 있다. 만나는 사람에 따라, 때에 따라 다르게 소개를 각양각색으로 할 수 있지만, 때로는 빠뜨리기도 한다. "치과 실장으로 근무하고 있지만, 다양한 일을 하고 있어요. 책도 쓰고, 강의도 하고, 컨설팅도 하고, 교육도 하고, 보험 설계일도 하고, 액세서리를 만들고 떡 케이크를 만들고 있어요."

　여러 개의 직업들이 종류와는 관계없이 다양한 일을 한다는 사실 그 자체로 하나의 정체성이 되고, 아이템이 된다. 그렇다면 여러 개의 직업을 가진다고 해서 그 일이 모두 직업이 될 수 있을까?

　그럴 수도 있고, 아닐 수도 있다. 나만 해도 치과 실장이 주된 직업이고, 액세서리 판매는 부업이 된다. 지금은 '슈리씨케이크 공방 대표', '덴시스 대표'가 주업이다. 전혀 어울릴 것 같지 않지만 또 감각과 센스로 하는 일이라는 데 있어 연결이 되기도 하다. 부업은 취미생활의 영역으로 빠지기도 한다. N잡러에 이어 '부캐'라는 신조어도 나올 정도로 여러 직업을 가진 사람들이 많이 생겨났다. 하지만 여전히 우리는 한 사람이 한 직업에만 전념하는 것이 당연한 사회에 살고 있다. 가장 많은 시간과 가장 많은 집중력을 쏟고, 가장 큰 수입이 되는 것을 직업이라고 보고 그 외의 직업 활동은 부업이 될 뿐 본업과 동등한 직업으로 인정받지 못했다.

결국 인정을 받으려면 그 파이프라인들이 일맥상통해야 하는 뭔가가 있어야 한다. 치과 실장과 병원 전문 강사는 같은 속성을 띤다고 해도, 내가 쓴 일상 에세이와 액세서리, 떡케이크 공방과는 전혀 다른 속성을 띄고 있다. 하지만 결국 하나로 향하게 될 것이다. 첫 번째 연결고리가 될 매체는 바로 이 책이다. 나는 '나'라는 사람을 이렇게 브랜딩 한다. 이 브랜딩은 단순히 나를 알리는 것만이 끝이 아니다. '나다운 모습' 그대로 기억될 수 있게 이미지부터 말투, 태도, 행동 모두 내 가치에 맞게 세팅하는 것이다. 나다운 모습은 내가 생각하는 '나다움'으로 만들어낼 수 있다. 얼핏 보기엔 전혀 다른 속성을 띄고 있는 직업들이 본질적으로는 같은 메시지를 담는다. '나다움'을 찾아가는 삶의 여정. 이 책의 출간으로 나는 흩어져있던 나의 모든 것들을 한 데 담아 어우러지게 할 것이다.

N잡러라는 것이 하나하나의 목적을 이루기 위한 수단이 아니라 내 삶의 일부로 자연스럽게 자리 잡는다면 성공한 것이다. 나의 사소한 관심이 나를 강사로 만들었고, 대표로 만들었다. 또, 나의 사소한 재능이 핸드메이드 액세서리를 판매하게 되었다. '나'를 움직이게 하는 추진력만 있다면 누구든 무엇이든 될 수 있다. 그리고 그렇게 나에게 맞는 플랫폼으로 퍼스널 브랜딩을 하면 된다.

나를 어떻게 잘 활용할 것인가?

병을 오픈할 때 종류에 따라 뚜껑을 여는 방법이 달라진다. 소주의 병뚜껑을 따는 것은 돌리면 되지만 맥주병은 다르다. 어떤 이들은 전용 오프너로 열기도 하지만, 어떤 이들은 지렛대의 원리로 아무것으로나 병을 열기도 한다. 여기까지는 보통의 사람들이 당황하지 않고 병을 손쉽게 열 수 있다. 그렇다면 와인병을 따는 것은 어떤가?

와인을 즐겨 마시는 사람들은 당연히 집에 와인 전용 오프너가 있겠ㅋ만, 와인을 가까이하지 않는 사람들이 예상치 못하게 와인을 선물을 받게 되는 경우에는 와인 오프너가 없을 확률이 더 높다. 예전과는 달리 요즘은 인터넷 검색을 통해 와인을 오프너 없이 여는 방법을 손쉽게 찾을 수 있다. 하지만 그렇더라도 코르크 마개가 잘 따라 나오다가 중간에 두 동강 나는 경우도 있고, 코르크가 조각나서 가루들이 와인 안으로 들어가는 경우도 발생한다.

물건을 사면 사용 방법이 있다. 라면을 사도 조리 방법이 있고, 선풍기를 사도 조립 방법이 있다. 우리는 그 물건들을 사며 적재적소에 사용할 생각을 한다. 그리고 그 사용법들은 물건들을 더욱더 효과적이게 사용할 수 있게 만들어준다. 사용법을 나에게 적용해 보는 것은 어떨까. 일명 '나 사용법' 말이다.

1. 우선순위 설정

N잡러의 나의 모습을 보며 많은 지인들이 두 가지의 걱정을 한다. 첫 번째는 잠은 자는지, 두 번째는 너무 바쁜 건 아닌지. 그들의 걱정과는 달리 나는 잠도 잘 자고, 여유롭게 휴식도 취하기도 한다. 그렇게 지내면서도 여러 개의 모습으로 잘 활동할 수 있었던 것은 우선순위를 명확하게 설정하기 때문이다.

우선순위가 결정된다고 해서 다른 것들이 중요하지 않다고 생각하면 오산이다. 중요도와 우선순위는 같거나 다를 수 있다. 중요하지만 지금 당장 해야 할 일, 빠르게 처리해야 할 일이 우선이 되는 것일 뿐 중요한 일은 결국 해 내야 한다.

예를 들어 책을 읽고, 책을 쓰고, 글을 쓰는 일은 중요하지만 당장 급하지는 않다. 물론 책을 썼으니 빨리 탈고하고 투고하는 것도 급한 일이다. 하지만 지금 당장 눈앞에 해결해야 할 일이 1순위가 된다. 먼저 처리한 후, 그다음 순위가 되는 것이다.

이렇게 나만의 우선순위를 설정해 보자. 각자가 생각하는 우선순위가 다를 수 있으니 스스로 설정하기를 권한다. 우선순위를 정하는 것이 습관화되면 나도 모르게 데이터가 쌓이게 된다. 그래서 점점 더 빠르게 우선순위를 결정할 수 있게 된다.

2. 집중과 선택

하루가 바쁘게 흘러가는 것은 맞다. 그리고 이 중에 분명하게 '킬링타임'이 존재한다. 아침에 일어나서 바로 침대에서 내려오지 않고 웹툰을 본다거나, 밥을 먹으면서 인스타그램을 한다거나, 출근을 하면서 유튜브를 보는 등 시간을 죽이는 행위들은 모두 시간 루팡들이나 다름없다. 물론 때때로 유익하기도 하고, 재미를 주기도 한다. 하지만, 여기서부터 에너지를 소모해버리면, 정작 내가 200% 집중해야 할 때 집중하지 못할 수 있다. 킬링타임을 확보해 좀 더 생산적으로 사용하자.

'집중과 선택'을 해야 하는 것이다. 우선순위를 명확하게 선택한 후 집중해야만 빠르게 결과를 얻을 수 있다. 의지력이 가장 높을 때 가장 중요한 일을 우선적으로 처리해야 최상의 결과물을 얻을 수 있다는 건 모두가 알고 있는 내용이다. 보통 아침은 가장 머리가 맑고 집중도가 높은 시간이다. 이 시간에는 중요하고, 생각을 해야 하거나 집중도가 높은 일을 하고, 오후 시간에는 상대적으로 집중도가 떨어져도 충분히 할 수 있는 일을 배치한다. 그러면 훨씬 효율적으로 일할 수 있다.

3. connect the dot

물론 나는 영점 조준을 하고 목표물을 쏘기도 하지만, 가끔은 내가 쏜 곳에 목표물이 생긴다는 마음으로 일을 시작하기도 한다. 그 예로 '앙금 플라워' 시장에 뛰어든 것이 있다. 치과 실장, 작가, 강사, 떡 케이크 사장이라는 직업들이 모두 연결되어 있지 않아 보이지만 사실 그렇지 않다. 언뜻 보기에는 서로 연관이 없고 도움이 될 것처럼 보이지 않지만, 분명 유기적으로 연결되어 있다. 내가 뿌린 씨앗들이기 때문이다.

띄엄띄엄 뿌린 나의 씨앗들은 자라나면서 서로 유기적으로 연결될 것이다. 그것들이 나의 숲이 될 것이다. 지금 하고 있는 나의 모든 것들이 하나, 하나의 씨앗이다. 이것들이 지금은 땅속에 있어 아무런 영향도 없고, 이익도 없지만 자라나 숲을 이루는 순간 나에게는 또 다른 기회가 열릴 것이다. 최대한 많은 씨앗들을 뿌려놓는 것이 유리한 이유다. 우리는 이것을 '파이프라인'이라고 부르기도 한다.

이제는 한 우물만 파서는 절대 성공하지 못한다. 파이프라인을 만들고 연결해서 시스템을 구축해야 한다. 언제까지 내가 땅을 파고, 물을 길어오는 노동을 할 것인가? 지금부터 차근차근 준비해 보자.

나도 내 인생이 처음이다. 언뜻 하루하루 주어진 시간이 같고, 정해진 일상대로 사는 것 같지만 매일, 매일이 새로운 날이고, 다른 날이다. 21년도 8월의 나는, 10월의 신부가 될 줄 몰라서 숏 컷으로 머리를 짧게 자르고 검정색으로 염색도 했다. 22년, 치과 실장으로서의 자존감이 높던 나는 돌연 퇴사하고 떡 케이크 공방 사장이 되었다. 이 모든 것들은 전혀 내가 예측한 것이 아니다.

예측할 수 없는 것이 미래이기 때문에 우리는 꿈을 꿀 수 있다. 꿈은 어렸을 때만 가지는 것이 아니다. 실패할 기회를 주며 나를 잘 활용해 보자. 생각보다 나는 더 어마어마한 사람일 것이다.

제3장
직장내 핵심인재로 거듭나는 성공비법

철저한 자기관리만이 살아남는다

늘 표정은 어둡고, 오래 입은 옷인지 목이 다 늘어나고 보풀이 올라온 티셔츠에 늘어나 무릎이 튀어나온 바지를 입고 다니는 사람이 있다. 배가 나오다 못해 걷기도 힘들어하고, 건강 때문에 업무도 하기 힘들어하는 사람이 있다. 우리는 이런 사람들을 '자기관리 못하는 사람'이라고 한다.

'자기관리'란 자신의 건강, 체력, 이미지 따위를 가꾸고 살피는 일이다. 옷을 못 입는다고, 뚱뚱하다고 자기관리를 못 하는 사람이 아니다. 옷은 잘 못 입지만 늘 단정하고 깔끔하게 가꾸거나, 뚱뚱하지만 늘 운동하고 식단을 조절하며 관리를 하는 사람은 '자기관리 잘하는 사람'이다. 자기관리는 누군가에게 보이기 위함도 있지만 나를 위하기도 한다.

운동을 꾸준히 하면서 건강을 관리하는 사람은 누구보다 업무도 열심히 하고, 체력이 좋아하고 싶은 일을 마음껏 할 수 있다.

그렇다면 직장인의 자기관리는 어떨까? 직장 생활에서 자기관리라는 것은 이미지메이킹, 시간 관리, 인맥 관리, 처세술, 업무수행 능력, 실적 등을 모두 포함한다. 직장 내에서 자기관리는 꽤 엄격하기도 하다. 본인의 일을 잘하는 것은 기본이고, 주변 평판 관리까지 잘해야 한다. 그렇지 않으면 사회에서 도태되기도 하고, 남과 다른 시선을 받기도 한다. 물론 남의 시선을 의식하면서 살 필요는 없다. 다만 자기관리의 목적에는 '남들이 말하는 나의 평판을 좋게 하는 것'도 있기 때문에 나를 브랜딩 하기 위해서는 신경을 쓰지 않을 수가 없다. 내 멋에 사는 것이 중요하다고 하지만 그 멋이 남에게 피해를 줘서는 안 된다. 자기과시가 아닌 나를 위한 자기관리, 직장 내에서 업무가 원활하게 돌아가도록 포지셔닝을 위한 자기관리가 필요하다.

자기관리가 잘 안되는 사람은, 자기통제가 안 되거나 처신을 못 하는 사람 보통이다. 자기통제는 눈앞의 작은 목표보다 좀 더 지속적이고 더 나은 목표를 달성하기 위해 현재의 충동이나 욕망을 조절하고 즉시의 만족감이나 즐거움을 지연시키는 것이다. 쉽게 말해 다이어트가 자기관리의 목표인 사람이, 당장 눈앞에 있는 케이크와 초콜릿 등을 보고 참지 못하고 허겁지겁 입에 넣게 됨으로써 즉시 행복해질 수 있었지만, 목표였던 건강한 다이어트와는 거리가 멀어진 것과 같다.

그렇다면 우리는 직장에서 어떻게 자기관리를 해야 할까?

1, 출근룩을 통한 자기관리

오늘의 출근 룩은 나의 태도를 변화시킨다. 더불어 상대방에게 '나라는 사람'을 인식시킨다. 나는 출근을 할 때 트레이닝복, 후줄근한 옷, 구겨진 옷 등은 입지 않는다. 매일 아침 옷을 다 입어 보고 가방과 신발까지 나만의 기준에 '적격'의 스타일링이 완성해야 집에서 나설 수 있다. 평소 대중교통을 이용하는 나는, 아침 패션쇼 때문에 늦어져 택시를 타는 일이 빈번하기도 하다. 아침잠이 많다면 출근 룩은 전날 밤에 미리 준비해놓는 것을 추천한다.

평소보다 일찍 눈이 떠지는 날에는 상쾌하게 아침을 준비한다. 시간이 여유로워 화장도 공들이게 된다. 예쁘게 잘 된 헤어와 메이크업에 맞춰 아무 날도 아닌데 화려하게 입고 출근하기도 한다. 그날은 어쩐지 모든 일이 잘 될 것만 같은 기분이 든다. 괜히 날씨도 좋고, 텐션도 좋아져 어떤 일이든 잘 해결되는 '럭키데이'가 된다.

아침을 옷차림 하나로 기분 좋게 시작하면, 일의 능률이 올라갈 수도 있다. 에너지가 아주 흘러넘쳐서 잘 안될 일도 기어코 잘 되게 온 우주가 도와준다.

나를 위해 옷차림을 신경 쓰고 출근했을 뿐인데, 타인에게 보이는 나의 모습은 당당하고, 자기관리가 잘 된 사람이 된다. 옷차림 하나 신경 썼을 뿐인데 자기관리가 잘 되는 사람으로 보인다니, 이 간단한 투자를 안 할 바보는 없다.

2. 리스트를 통한 시간 관리

오늘 당장 해야 하는 일은 머릿속에 있지만, 우리의 머리는 생각보다 잘 정리되지 않을 수 있다. 해야 할 일들이 구체적으로 형상화되어있어야 빠르게 처리할 수 있는데, 머릿속에서 정리되지 않고 자유분방하게 떠다닌다면, 일을 처리할 때 효율이 떨어질 수 있다. 이런 경우 1차원적으로 접근해야 한다.

먼저, 보기 쉽게 '해야 할 업무'를 적어 나열한다. 리스트에서 우선순위를 정하고, 시간분배를 한다. 나는 보통 마감 기한과 4가지 기준으로 중요도를 따져 우선순위를 결정한다. 1. 중요하고 긴급한 일, 2. 중요하지만 급하지 않은 일, 3. 중요하지 않지만 긴급한 일, 4. 중요하지도 않고, 급하지도 않은 일. 이렇게 순위와 넘버링을 정한 다음 옆에 기한까지 적어두면 금상첨화다.

리스트가 작성되면, 업무를 처리할 때마다 체크박스를 통해 체크한다. 바로 완료가 되는 경우도 있지만, 가끔 미 실행, 진행 중, 보류, 특이사항 등 리스트를 구분해야 할 수 있기 때문에, 체크박스에 체크 표시

말고도 다른 메모를 간단히 적을 수 있는 공간을 여백으로 둔다. 이렇게 일을 처리하면 마감일도 함께 체크하기 때문에, 업무수행 능력 또한 상승하는 것을 느낄 수 있다. 모두에게 공평하게 주어지는 시간을 좀 더 효율성 있게 사용하는 것이 '일잘러'로 향하는 지름길이다.

3. 일과 정리를 통한 자기관리

하루 동안 처리한 업무 리스트들이 쌓이면, 일종의 업무 루틴이 생긴 것을 알 수 있다. 나만의 업무 패턴을 확인하고, 보완할 점을 보완한다면 더 좋은 리스트와 시간 관리를 할 수 있게 되고, 일의 효율성이 높아질 것이다. 별것 아닌 것으로 보이고, 단순해 보이지만 이 과정을 계속 거치다 보면 어느 순간부터 같은 실수를 반복하지 않는 나를 발견하게 될 것이다.

'오늘 또 뭐 해야 한다고 했는데, 뭐였더라? 생각 안 나니, 다른 것부터 해야겠다.' 하며 생각나는 대로 일을 하게 되면, 정작 중요한 일을 할 때 시간이 부족해서 허둥지둥할 수 있다. 시간 관리가 필수인 직장 생활에서 나만의 하루 일과 루틴이 생긴다면 그 즉시 당신은 '일잘러'라 불릴 것이다.

4. 꾸준한 업데이트를 통한 경력관리

현대사회에서는 관련 없는 여러 개의 분야에 발만 담가보기만 한 사람은 쉽게 '인재'가 되지 못한다. 그중에는 본인의 역량으로 하드캐리하기도 하지만, 보통은 한 가지의 전문 분야를 깊게 파고 거기서 파생되는 다양한 분야에 발을 넓히는 사람을 인재라고 한다.

전공 분야를 중심으로 업무 범위를 확대해 나가는 사람들도 많지만, 요즘은 전공 분야가 아니더라도 전혀 새로운 일에서 두각을 나타내기도 한다. 전자든 후자든, 해당 분야를 끊임없이 연구하고, 또 그 분야를 중심으로 업무 범위를 확대해 나가는 것이 중요하다. 현대사회에서 한 직장을 평생직장으로 삼는다는 것은 쉽지 않은 일이다. 직업 또한 마찬가지다. 나 역시도 치과위생사라는 직업이 평생직업일 거라고 생각하지 않는다. 하지만, 파생되는 것은 역시 치과위생사로부터다. 먼저 내가 선택한 직업의 분야와 그 분야에 특화된 업무를 진행하며 경력을 쌓아 올리는 것이 제일 좋은 방법이다. 이 경우 퍼스널브랜딩과도 연결이 된다.

나는 치과위생사로 한 치과의 총괄실장이자 치과 종사자들을 교육하는 강사이자, 치과 컨설팅을 하는 컨설턴트다. 치과에서의 경험이 차곡차곡 쌓이면 이렇게 연결되는 일이 하나 둘 늘어나게 된다. 지금 하고 있는 일의 가장 핵심이 무엇인가? 거기서 무엇을 어떻게 파생시켜서 확장할 수 있을까? 고민해 보자.

꼭 회사에서의 업무를 중심으로 하지 않아도 좋다. 내가 좋아하는 일이나 하고 싶었던 일이 있다면 사이드 잡으로 시작할 수 있다. 다만 회사에서 하는 업무를 가장 많이 해왔고 그에 대한 지식과 경험이 많다면 해당 분야에 대해 먼저 시작하는 것이 시간과 에너지를 절약할 수 있다.

5. 인맥 관리를 통한 자기관리

아이젠 하워는 이런 말을 했다. "유머 감각은 리더십의 기술, 대인관계의 기술, 일 처리 기술 일부분이다."

직장에서는 나 혼자서만 잘났다고 마음대로 일 처리를 할 수 없다. 절차가 있기 때문에 그 절차를 건너뛰어 갈 수 없고, 필요에 따라 협업해야 할 것도 있다. 그만큼 타인과의 관계가 매우 중요한 역할을 하기도 한다.

직장 생활을 하다 보면 타인에게 도움을 주는 경우도 있지만, 도움을 받는 경우도 있고, 요청하게 되는 경우도 발생할 수 있다. 이미 그 사람과 라포 형성이 잘 되어있다면 어려운 상황에서 기꺼이 발 벗고 나서줄 것이다. 그렇지 않으면 도움을 요청하기도, 도움을 받기도 어렵다. 나는 상대방의 도움 요청을 나 몰라라 해놓고 받으려고만 하지는 않았는지 되돌아보자.

상대방에게 관심을 가지고, 경조사를 챙기거나, 업무 외 모임으로 소통하는 것도 직장인 인맥 관리 중 하나이다. 이렇게까지 하기 어렵다면 출퇴근 시간, 점심시간, 자투리 시간을 이용해 안부를 통한 인맥 관리를 할 수 있다. 간단한 안부로는 1분 친목도 가능하다.

단 1분이라도 상대의 눈을 바라보고 미소 지으며 대화할 수 있다면 그 마음이 그대로 전달되어 좋은 이미지를 갖게 된다. 매번 인상 찌푸리고 다니는 사람보다 웃는 사람에게 마음이 더 가는 건 당연한 결과다.

6. 스트레스 관리를 통한 자기관리

만병의 근원은 '스트레스'다. 특히 직장인들에게서 떼려야 뗄 수 없는 존재이다. 스트레스가 심해질 경우 신체적, 정신적으로 무리가 오기도 한다.

스트레스는 일의 능률을 저하하고, 인간관계에 문제를 일으키기도 하며 의욕을 상실시킨다. 그렇게 직장 생활에도 일상생활에도 지장을 주게 된다. 직장인들이 가장 관리해야 할 부분이 바로 스트레스 관리기도 하다.

사람마다 스트레스 해소법은 다르다. 어떤 사람은 말을 하지 않는다. 입 밖으로 꺼내는 것이 더 큰 스트레스라 혼자서 꾹 참는다. 또 어떤 사람은 말을 해야만 한다. 일이 더 커질 수 있다는 것을 알지만, 말하지 않는 것이 스트레스이기 때문에 곧 죽어도 말을 꺼낸다.

운동이나 취미생활로 스트레스를 해소하는 사람도 있다. 육체적인 움직임으로 스트레스를 해소하고 나면 오히려 정신이 맑아지고 개운해진다고 한다. 또 어떤 사람은 폭식이나 폭주로 스트레스를 해소한다. 마음이 허해서 계속 밀어 넣는다고 한다. 그렇게 끝까지 욱여넣어야 비로소 채워진다고 한다.

건강하게 스트레스를 해소하는 사람도 있고, 아닌 사람도 있다. 정답은 없고, 어떤 식으로도 스트레스가 해소된다면 말리진 않겠지만, 스스로가 다치지 않고, 상하지 않는 방법으로 스트레스를 해소해야 한다.

직장인의 자기관리는 수많은 방법이 있다. 중요한 것은 '방법'이 아니라 'WHY'다. 왜 해야 하는지, 그로 인해 내가 무엇을 얻을 수 있는지, 궁극적인 나의 목표를 먼저 정확히 하고 그에 따른 행동 지침을 적어보자. 그리고 나만의 루틴을 만들자. 내 상황에서는 절대 할 수 없는 일임에도 다른 사람들이 했다고 억지로 하는 것은 절대 오래가지 못한다. 실제로 내가 꾸준히 할 수 있는 것이어야 한다. 별것 아닌, 소소하고 작은 일이라도 꾸준히 실행해서 나만의 노하우로 만들면 그 또한 나의 강력한 무기가 될 것이다.

하기 싫은 일 일수록 더 빨리 해치워라

계획적인 사람이든, 무계획으로 사는 사람이든 매일 해야 할 일이 있다. 이 할 일을 어떤 순서대로 해치우냐는 종이에 적는 것에서 달라진다.

머릿속으로만 내가 할 일을 그리고 대충 계획을 세우는 사람과 종이에 하나하나 목록을 적어서 번호를 매겨 순서를 정하는 사람은 하루의 시작이 다르다. 머릿속으로만 대충 계획을 세워도 일과를 다 마칠 수도 있지만 비효율적으로 진행되어 억지로, 힘겹게 '해 내야'하는 경우가 생길 수 있다.

나는 퇴근하면서, 내일 출근하면 해야 할 목록을 적는다. 아침에 당장 처리해야 할 일을 첫 줄에, 아직 기간이 남아 있는 일은 마지막 줄에 적어가며 가운데까지 채운다.

혼자 처리할 수 있는 일, 상사의 컨펌을 받고 처리해야 하는 일, 내용을 확인하고 처리해야 하는 일, 업체와 협의해서 처리해야 할 일 등 구분해서 To do list를 작성한다.

처음에는 이렇게 적어놔도 순서대로 진행하지 않고, 하고 싶은 일부터 처리했다. 그러다 보니 일을 끝마치기 전에 재촉을 받기도 하고, 그 사이에 이슈가 터지기도 했다. 미리미리 처리했으면 별일이 아니었을 텐데, 단지 귀찮고 지금 당장 하기 싫어서 미룬 게 엄청난 판단 미스로 다가오면 업무의 집중도가 깨질 수밖에 없다.

만약 아침에 오자마자 처리해야 할 일을 알고 있다면, 가장 먼저 처리하는 것을 추천한다. 미리 끝내 놓으면 이후의 업무 효율도가 높아져서 남은 일도 쉽게 마무리할 수 있고 이전과의 업무 퀄리티가 차이날 것이다.

나는 하기 싫고, 스트레스 받은 일을 먼저 처리한다. 눈 딱 감고 해치우고 나면, 마음의 부담이 덜어지기 때문에 이후로는 수월하게 일 처리를 할 수 있다. 하기 싫은 일을 자꾸만 미루게 된다면, 스트레스 받는 시간이 미룬 만큼 길어지고 집중도도 떨어진다.

나는 편식이 심한 편이다. 그래서 학창 시절에 식판에 잔반 검사 받는 것이 매우 스트레스였다. 점심시간이 즐겁지 않았다. 매일 거의 마지막까지 뭉그적대며 남아있었다. 그러던 어느 날 먹기 싫은 콩부터 골라내 아예 다 먹어버리고, 안 익은 김치도 그냥 우걱우걱 먹어버리고, 생선은 좀 힘들었지만 아무튼 먹기 싫은 음식부터 해치운 다음 좋아하는 음식을 제일 마지막에 먹기 시작했다. 왜 그렇게 하게 되었는지는 솔직히 잘 모르겠다.

하지만, 큰 변화는 있었다. 점심시간이 그렇게까지 고역은 아니게 되었다. 여전히 싫은 음식들은 맞지만, 조삼모사와 고진감래의 마음으로 먹기 시작하니 그럭저럭 점심시간을 잘 보낼 수 있게 되었다. 성인이 된 지금은 여전히 편식을 하고, 좋아하는 음식만 먹는다. 이제는 영양제 등으로 부족한 영양과 에너지를 채울 수 있기 때문에 어릴 때처럼 억지로 먹지 않아도 괜찮다.

마찬가지로, 내가 나중에는 내 업무를 편식하고, 좋아하는 일만 할 수도 있겠지만, 그건 나중 일인 것이다. 아직은 점심시간이 있는 학교에 다니는 아이와 같다. 업무시간이 있는 직장에 다니는 사람인 셈이다.

내가 하루에 낼 수 있는 에너지는 한정적이고, 체력은 방대하지 않다. 하루 종일 스트레스 받으며 미루면서도 신경 쓰는 것보다는 빨리 해치우고 해방감을 갖는 것도 좋은 방법이다. 하기 싫어도 꼭 해야 하는 일이라면, 가장 좋은 에너지의 상태로 해치우자. 진이 다 빠지고 피곤에 찌들었을 때 하기 싫은 일을 하게 되면 더 크게 와닿을 수밖에 없다.

우리의 정신력과 관련이 있는 '노르아드레날린'이라는 호르몬을 알고 있는가? 우리 몸은 스트레스를 느끼면 바로 뇌로 전달하게 되고, 뇌에서는 다양한 호르몬을 분비시키게 된다. '아드레날린과 비슷한 호르몬인 노르아드레날린은 뇌 안의 교감신경의 끝부분에서 분비되어 뇌의 활동에 영향을 미친다. 특히 급박한 상황에서 외부적인 스트레스가 발생하게 되면 필연적으로 노르아드레날린이 분비되는데 이때 집중력 혹은 결단력이 활성화된다고 한다.

어느 정도의 스트레스를 잘 활용한다면 이것이 하기 싫은 일을 맨 끝으로 배치해서 '업무 스트레스'를 받는 게 아니라, 우선순위로 배치해서 업무 시작의 파이팅 넘치는 포문을 열 수 있다는 것이다.

일을 잘하는 사람들은 미루지 않는다. 특히 하기 싫은 일이 중요한 일이라면, 더더욱 미루지 않는다. 싫어하는 일도 티 내지 않는다. 아니, 싫어하는 일로 남겨두지 않고 '조금 까다로운 일'로 생각하고 에너지를 더 쏟을 뿐이다. 맛있는 음식은 천천히 음미하듯이 하기 싫은 일부터 해치우고 내가 주는 보상으로 하루를 마무리하자. 훨씬 더 효율적으로 일할 수 있을 것이다.

일잘러는 출근부터 다르다

일 잘하는 사람, 소위 '일잘러'는 출근부터 다르다. 일잘러들에게는 기상악화도 문제 되지 않고, 지하철 근처에서 파업이 일어나도 늦지 않는다. 애초에 눈이 오거나, 비가 온다면 밀릴 시간을 예상하거나 전 날 특별한 사회적 이슈가 있다면 미리 출근 준비를 하기 때문이다.

그렇게 직장에 도착하면 전 날 정리되었던 자리에 필요한 물건들을 세팅한다. (나 같은 경우는 삼색볼펜, 수정테이프, 매직, 형광펜을 꺼내 놓는다.) 그리고 해야 할 일 목록을 적는다. 바로 해결해야 할 일, 오전 중으로 처리할 일, 오늘 중으로 처리할 일 등 우선순위를 정하고 목록을 정리한다.

그리고 시간을 확인한 후 여유 있게 업무를 시작한다. 경계 없이 '출근했으니까 일해야지'의 마음이 아니라, '업무 모드'의 스위치를 켜는 것이다.

보통의 직장에서는 대략 세 가지의 출근 유형으로 나뉜다. 첫 번째 그룹은 먼저 와서 미리 준비하는 사람들, 두 번째 그룹은 시간을 딱 맞춰 오는 사람들, 세 번째 그룹은 아슬아슬하게 후다닥 출근하는 사람들이다.

우리 팀원은 세 가지의 유형이 모두 있다. 아이러니하게도 제일 일찍 오는 사람은 팀장님, 두 번째는 막내다. 이 두 사람은 일을 잘 처리하고자 하는 욕심이 있다. 실수하지 않으려고 개인 시간을 내 한 번 더 체크한다. 단순히 프레임일 수 있지만, 나는 팀장님과 막내에 대한 신뢰도가 높다. 출근 준비가 되어있는 사람들은 대게 직장 내 어떤 이슈를 말해도 기민하게 알아듣는다. 그리고 본인 일이 아님에도 다른 사람을 거치지 않고 일 처리를 끝내는 경우가 있다.

이제는 일찍 출근하지 않고 제시간에 땡 맞춰 출근하는 것이 공식화돼가고 있다. 하지만 여전히 일찍 와 시작을 여는 사람들이 있다. 이 사람들은 생각의 깊이도 다르다. 같은 질문을 해도 "그러지 않을까요~?"가 아닌 "확인해 보니 그렇더라고요."라고 말을 한다. 미리 해보고 답변을 하는 것이다. 혹은 확인이 되지 않았다면 먼저 '지금 바로 확인해보고 말씀드릴게요'라고 대답한다.

내가 겪어본 사람 중에 가장 출근시간을 위해 노력하는 사람은 아버지였다. 아버지야말로 정말 부지런히 먼저 가서 준비하는 사람이다. 약속된 시간보다 30분 일찍 출발 정도가 아니라, 최소 30분 일찍 도착을 위해 1시간 전에는 출발한다. 아버지 말씀으로는 차를 타고 가다 펑크가 날 수도 있고, 예상치 못한 사고가 발생할 수 있기 때문이라고 한다. 사전에 미리 방지할 수 없는 일들이 존재하기도 하니 사고가 나더라도 늦지 않게 가야 하고, 상대방과의 신뢰가 걸린 문제이므로 이와 같은 마음가짐과 자세가 중요하다는 것이다. 본인이 그렇다고 해서 남들에게 강요를 하진 않았기 때문에 그 영향을 내가 크게 받지는 않았다.

그렇게 먼저 도착하고 나면, 주변을 둘러본다. 이 근처에는 뭐가 있는지 물색도 하고, 그 건물에는 뭐가 있는지 화장실은 어디에 있는지도 체크한다. 그리고 호흡이 돌아오면 준비해왔던 서류를 천천히 보며 여유 있게 시간을 보낸다. 가족 구성원일 때는 가끔 유난인 것 같고 지독함에 피곤할 때도 있었는데 사회생활을 해보니 아버지가 새삼 대단해 보였다. 물론 일이 없어도 동행해 주시는 어머니는 더 대단하고.

'출근 시간에 따른 차이'는 단순히 직장에 출근하는 것이 아니라, 내가 몸담고 있는 일터에서 일을 시작하기 전 내 마음을 가다듬는 행위다. 내가 어떤 마음가짐으로 출근하느냐에 따라 단순 '월급쟁이'로 전락하기도 하고, 'CEO'로 지위 상승하기도 한다.

사회생활을 하다 보면 여러 사람들과 대면하는 일이 많다. 출근길에 마주치는 사람들, 출근해서 만나는 직원, 고객, 거래처 직원 및 상사와 동료 등. 대면했을 때 내가 어떻게 보이길 원하는가? '늘 허둥지둥 와서 급하게 준비하는 자기관리 못하는 사람'으로 보이고 싶은가? 아니면 '늘 준비된 자세의 믿음직한 사람'으로 보이고 싶은가?

단 10분이라도 좋다. 업무 시작 전 미리 도착해 마음을 가다듬고 업무 모드로 변신 준비를 하자. 그 잠깐의 시간이 내게 여유를 주고, 오늘 할 일을 빠르게 점검해서 실수도 줄일 수 있다. 마주하는 상대방도 나의 여유와 태도에 분명 감탄하게 될 것이다.

일 잘하는 사람의 7가지 특징

어떤 사람이 일을 잘하는 직원일까? 상사가 지시하는 대로 일 처리하는 직원 혹은 업무지시가 있기도 전에 본인이 일 처리를 해놓는 직원, 사교성이 좋은 직원 혹은 묵묵히 자기 일만 하는 직원, 일을 빨리 처리하는 직원 또는 일을 꼼꼼히 하는 직원. 이 중 일 잘하는 직원은 어떤 직원일까?

현재 후임이 있는 직장인은 모두 정답을 말할 수 있을 것이다. 바로 '센스 있는 직원'이다. 지시하지 않아도 찾아서 일을 하고, 꼼꼼히 해야 할 때는 꼼꼼히, 빨리해야 할 때는 빨리하며 자신의 페이스를 찾는다. 사교성이 좋은 편인데 묵묵히 일을 해야 할 때는 또 자신의 일에 파고든다. 센스 있는 사람들은 일 처리 뿐만 아니라 삶 곳곳에 센스가 묻어

난다. 열심히 하지 않아 보였는데도, 꽤 수준 높은 결과물을 만들어내기도 하고, 헤어, 메이크업, 스타일링에서부터 인간관계까지 두각을 나타낸다.

'저 사람 일 잘하겠다!'라는 느낌은 일을 같이 해보지 않아도 알게 될 때가 있다. 그런 느낌을 주는 사람들의 특징은 대개 이렇다.

1. 인상이 깔끔하다.

이렇다 딱 정의할 수 없지만, 전체적인 느낌이 잘 정돈된 느낌이다. 이것은 인상착의에서도 단정한 느낌이 들지만, 어떤 제스처를 취하는 것까지도 깔끔하고 정돈된 느낌이 난다.

2. 우선순위를 구분할 줄 안다.

바로 처리해야 할 일, 할 수 있는 일, 하기 싫은 일 등 우선순위를 구분해 빠르게 처리한다. 여기서 중요한 것은 우선순위가 나의 기준에만 따르지 않았는지 파악해야 한다. 상사의 우선순위 안에 내가 처리해야 할 일이 있다면, 그것도 나의 우선순위에 들어가야 한다.

3. 내 기준대로 일 처리 하지 않는다.

직장 생활에서는 협업의 연속이고 회사마다의 룰이 있다. 일 처리하는 과정에서 모르는 내용이 생기면 우선 내가 알아볼 수 있는 것들은 최대한 정보 수집을 끝낸 후 이해한 다음 담당자에게 질문한다. 모르는 것이 있더라도 아는체하지 않고 되레 질문한다. 몰랐던 새로운 정보를 아는 것에 대해 두려워하지 않는다. 일 잘하는 사람은 질문도 남다르다.

4. 실수에 대처하는 능력이 뛰어나다.

실수를 했을 때도, 어떻게 사후 처리하느냐에 따라 능력치가 결정된다. 사람은 누구나 실수할 수 있다. 하지만 이 실수를 어떻게 해결하느냐에 따라 미숙한 사람과 프로페셔널한 사람으로 나뉠 수 있다. 허둥지둥하며 수습에만 급급해 일이 사방팔방 커지게 만드는 사람이 있다. 당장 하나를 해결하고자 그다음은 못 봐서 처리한 일마저 다시 엎고 해야 하는 상황을 만들기도 한다.

일을 잘하는 사람은, 실수를 해도 차분하다. 티를 내지 않으며 먼저 상황을 파악하고, 통제할 수 있는 일과 통제할 수 없는 일을 나눈다. 내면에서는 멘탈 붕괴가 일어나더라도 겉으로는 티 내지 않고 일을 처리한다. 일을 처리했을 때 일어나는 다음 상황에 대해서도 생각하고, 대비책을 구상해둔다. 이는 보통 2차 문제가 생겼을 때 빛을 보게 된다.

5. 큰 그림을 볼 줄 안다.

일 잘하는 사람들은 당장 눈앞에 있는 일 처리만 급급한 것이 아니라, 한 단계 앞서 바라보며 일의 큰 틀을 파악하고 있다. 해결 방법을 정할 때 2~3가지 방안 중 각 방법 별로 일어날 수 있는 최악의 상황과 최상의 상황을 모두 적어서 그중 최적화된 것을 선택한다.

6. 주체적으로 일한다.

모든 사람이 일을 잘, 열심히 하고 싶은 것은 아니다. 그냥 출근했기 때문에 일하고, 상황이 생겨서 일하고, 해야 하는 일이라서 일하는 사람도 있기 마련이다. 요즘 유행하는 '조용한 퇴사'처럼 딱 받는 것만큼만 일하고 더 이상 하지 않고 싶을 수도 있다. 하지만, 하고 싶은 업무를 찾아서 하는 사람은 차원이 다른 성과를 만들어 낸다. 남들이 만족하며 앞으로 더 이상 이동하지 않을 때 한 발자국 더 움직이는 사람이 바로 그런 사람들이다.

7. 태도가 좋다.

좋은 태도와 지식의 깊이는 비례하지 않다. 아무리 능력이 뛰어나고 똑똑한 사람이라도 남을 배려할 줄 모르고 본인 밥그릇만 챙긴다거나, 주변에 대해 감사할 줄 모르고 자만하게 되면 결국 성장하는 데도 한계가 있기 마련이다. 남들보다 경험치가 높고, 좀 더 아는 수준으로 상대방을 무시하거나 함부로 대하면 중간관리자로서, 리더로서 성장하거나 신임 받을 수 없다. 물론 존경도 마찬가지다. 태도는 개인의 성장에 있어 아주 중요한 포인트다. 그리고 그 태도는 팀의 성장에도 영향을 줄 수밖에 없다.

열심히 일한다고 일을 잘하는 것은 아니다. 우등생들이 실무를 모두 다 잘하는 것이 아닌 것처럼 말이다. 때때로 이 '센스'라는 것은 열정과 노력을 우습게 이기기도 한다. 센스가 없다고 절망하지 말자. 센스는 타고나는 것도 있지만, 배우며 성장할 수도 있다. 내가 어떤 인재가 되고 싶은지, 어떤 센스를 배우고 싶은지 끊임없이 탐구하며 나에게 적용시키면 어느샌가 나는 '센스 있는 일잘러'가 되어있을 것이다.

Part. 3
나는 나를 브랜딩하기로 했다

제1장
끌리는 나를 만드는 이미지 경영

지금 이미지메이킹을 해야 하는 이유

현대사회에서 성공의 관건은 자신의 역량에만 그치지 않고 그것을 호소력 있게 전달하는 능력까지 확대되었다. 이전에는 커뮤니케이션 능력만 좋아도 이미지메이킹에 성공했다고 보았지만, 이제는 단순히 말을 잘 하는 것을 넘어 말과 제스처에 진심을 담는 것까지가 성공의 키포인트가 되었다. 이미지메이킹은 단순히 누군가를 딱 보면 떠오르는 '이미지'를 넘어 '브랜딩'까지 확장되었다.

많은 사람들이 '이미지메이킹'이라고 하면 단순히 '외모를 가꾸는 것'이라고 생각한다. 맞다, 외모를 가꾸는 것 또한 이미지메이킹에 속한다. 하지만 외적 이미지만을 강조하다 보면 성형이나 시술, 다이어트에 목숨을 걸며 과도한 외모관리에 위험해지기도 한다. 물론 적절한 관리는 도움이 된다. 이것 또한 하나의 자기관리이기 때문이다. 하지만 이미지메이킹의 핵심은 외적인 자기관리뿐만 아니라 내적인 이미지와 함께 어우러져 본인의 종합 이미지를 만들어 내는 것이다.

헬스장에 갔을 때 명찰을 하지 않아도 트레이너 선생님 느낌이 있는 사람들이 있다. 또, 같은 유니폼을 입어도 실장처럼 보이는 사람들이 있고, 서로 다른 느낌의 사복을 입어도 수석 디자이너의 느낌이 나는 헤어디자이너가 있다. 이 사람들의 특징은 외적에서도 티가 나겠지만 그 사람들의 표정, 말투, 내면에서 나오는 자신감과 여유로움 등이 외적인 모습에 알파로 적용해 이미지를 완성한다. 이 말은 내면의 기본기와 탄탄함이 외적인 모습 연출로까지 이어진다면 최상의 이미지를 가질 수 있다는 것이다.

나는 5년 차에 실장급으로 기분 좋은 오해를 받은 적이 있다. 개원 치과의 원장님께서는 나의 이미지가 본인이 생각하는 실장의 이미지와 딱 맞아떨어진다고 했다. 그렇게 생각하게 된 이유는 세 가지가 있었는데 첫째, 이력서를 경력기술서로 작성해서 포트폴리오를 제출한 것. 둘째, 가치관과 비전이 대화를 통해 느껴진 것. 셋째, 면접일에 한 스타일링. 이 세 가지가 잘 어우러져 본인이 원한 욕심 있어 보이고 스마트한 실장 이미지로 보였다고 한다.

지식 사회로 접어들면서 모두의 수준이 높아졌다. 언제 어디서나 클릭 한 번이면 고품질의 교육을 들을 수 있다. 누구나 자신의 노하우를 공개하고, 콘텐츠를 만들고, 글을 쓴다. 이제 '어느 정도 하는 사람'은

흔하게 되었다. 이력서만 봐도 대단한 인재들의 향연이다. 예전에는 이력서에 남들보다 한 줄 더 있으면 노력하는 사람이라 하며 평가 점수를 더 주기도 했지만, 이제는 다르다. 한 페이지를 채워와도 면접에서 합격과 불합격이 판가름 나기도 한다.

서류상으로 완벽한 사람들은 많다. 하지만 실제로 일을 했을 때 우왕좌왕하며 제대로 해내지지 못하거나 일머리가 없어서 같은 일을 시켜도 오래 걸리는 사람들이 있다. 그렇기에 이왕이면 면접을 통해 센스와 눈치 있는 사람을 채용하고자 한다. 이 센스는 실제 센스가 없더라도 '센스가 있어 보이게끔' 연출할 수 있다. 그게 바로 이미지메이킹인 것이다.

이미지메이킹은 첫인상에서 주는 충격이 굉장히 중요하다. 첫인상이 그저 그런 평범한 사람이었다가 반전의 매력을 보여주는 것은 사실 쉽지 않다. 온 세상이 그 사람이 반전의 매력을 보여주는 순간 스포트라이트를 쏴줘야만 재평가가 손바닥 뒤집듯이 달라질 수 있다. 그만큼 첫인상이 주는 초두효과는 강력하다.

이미지메이킹에서 초두효과는 굉장히 자주 언급되는 말이다. 초두효과(Primacy Effect)란 대부분의 경우 먼저 제시된 정보가 나중에 들어온 정보보다 전반적인 인상 현상에 더욱 강력한 영향을 미치는 것을 말하는데, 흔히 첫인상이 중요하다는 말로 표현한다. 대개 첫인상은 나중에 들어오는 정보를 해석하는 기준이 된다.

첫인상이 중요한 순간은 역시 면접, 소개팅, 결혼 전 상대측 부모님께 인사드리는 순간일 것이다. 아무래도 짧은 시간 안에 '나'라는 사람을 어필해야 되기 때문이다. 이때의 스타일링과 태도, 표정, 습관, 대화 방식 모두 첫인상 안에 포함된다.

몇 년 전에 굉장히 충격을 안겨 준 면접자가 있었다. 당시 나는 개원 치과의 실장으로 근무하고 있었는데, 신환으로 내원한 한 환자가 사랑니 발치를 위해 접수를 하다 말고 갑자기 내게 "저도 치위생과 졸업해서 취업 준비하고 있어요."라며 말을 걸었다. 깜짝 놀라 몇 마디를 나눠보니 우리 치과에 취업하기를 원하는 것 같았다. 마침 직원 증원을 위해 구인공고를 올릴 예정이었기 때문에, 내일 공고가 올라가면 이력서를 넣어보라고 말했다.

그러자 그 환자는 대뜸 오늘 면접 보고 갈 수 없냐고 물었다. 진료 중이었는데다가 약속을 한 상태도 아니었고, 무엇보다 그 환자의 옷차림은 면접을 볼 수 있는 상태가 아니었다. 물론 진료를 볼 목적으로 편안하게 입고 온 것이지만 회색 후드티에 검정 롱패딩, 크록스 차림은 면접에서 마이너스가 될 수 있었다. 나는 "준비가 아직 안 된 것 같아요. 내일 이력서와 함께 다시 방문해 주세요"라고 말하고 돌려보냈다.

다음 날 면접 약속을 잡고 면접자로 재 방문한 선생님. 그런데 놀랍게도 어제와 같은 옷차림이었다. 달라진 점이 있다면 크록스에서 운동화로 바뀐 것 단 하나! 너무 어처구니가 없어서 할 말을 잃었다. 가방도 없이 빈손으로 왔길래 이력서는 혹시 메일로 전송했냐고 물어봤다. 그러자 입고 있던 패딩 지퍼를 찌익 내리더니 가슴팍에 있는 안주머니에서 세 번 접은 이력서를 봉투도 없이 내게 건네주었다. 나는 본인의 어떤 것이 잘못되었는지도 모른 채 해맑게 말하던 그 면접자가 너무나도 큰 충격이었는지 아직도 그때의 옷차림과 상황이 생생하다.

결국 그 직원은 뽑지 않았다. 어쩌면 당연한 결과일 것이다. 상황에 맞지 않은 옷차림과 연출은 그 사람의 됨됨이까지 낮게 평가될 수 있다. 대부분의 사람들은 면접을 보게 되면 평소의 내가 그렇게 입지 않더라도, 어느 누가 봐도 면접 보는 사람 같은 옷차림을 준비한다.

소개팅과 어른들께 인사드리는 자리는 어떨까? 반팔과 청바지가 깔끔한 의상이라고 하더라도 상황에 맞지 않는 연출이라고 볼 수 있다. 때와 장소와 경우에 맞게 옷을 입는다는 것을 'T.P.O'라고 한다. T.P.O는 시간(time), 장소(place), 상황(occasion)에 머리글자로, 옷을 입을 때의 기본 원칙을 나타낸다. 즉 옷은 시간, 장소, 경우에 따라 착용해야 한다는 점을 강조하기 위해 나온 말이다. 우리는 이제 의복을 경우에 알맞게 착용하고 스타일링하는 것도 능력인 시대에 살고 있다.

내 능력이 보잘것없어도 빛나 보이게 하는 것 또한 능력이다. 내 능력이 너무나 출중한데, 안일한 선택으로 첫인상을 감점시키는 것 또한 내 능력이다. 내게 맞는 이미지메이킹을 통해 나를 바로 서게 만드는 것! 그것이 이미지메이킹의 핵심이다.

개떡같은 첫인상도 살리는 이미지 경영, 포트폴리오

첫인상이 평범했다고 좌절할 필요는 없다. 이후에 이미지메이킹을 하며 달라질 방법이 있다. 빈발 효과(Frequency Effect)는 반복되는 행동이나 태도 때문에 첫인상이 바뀌는 효과이다. 첫인상이 좋지 않게 형성되었다고 할지라도, 계속 반복해서 제시되는 행동이나 태도가 첫인상과는 달리 점차 좋은 인상으로 바뀌지는 현상을 말한다. '볼수록 매력 있다'는 말은 괜히 나온 말이 아니다. 반대로 처음 첫인상이 좋게 형성되었다고 할지라도, 꾸준히 좋지 못한 모습을 보여준다고 하면 '갈수록 비호감'이 되는 것이다.

'나'에 대한 이미지는 바꿀 수 있지만, 많은 노력과 시간이 필요한 경우가 대다수이다. 꾸준하게 나의 이미지를 상대방에게 입력시켜야 하는데 이때, 입력하는 정보의 이미지가 어느 정도 일맥상통해야한다.

직원 A는 원장님께 꽤 좋은 인상을 남기며 면접을 종료했다. 너무나도 기대된다고 말했던 원장님의 말과는 달리, 일 처리는 그저 그랬다. 첫날 환영회를 하며 원장님은 그 직원에 대해 칭찬을 늘어놓기 시작했다. 면접이 그 직원의 인성과 업무수행능력을 평가하는데 대단히 큰 영향을 끼친 순간이었다. 나는 동의할 수 없었지만. 그 자리에서 초 치지 않았다. 그저 그 직원이 대단한 점이 무엇인가 가까이에서 관찰하게 될 뿐이었다.

직원 A의 초두효과는 어마어마했다. 초두현상이 나타나는 이유는 우리의 뇌가 보고 듣는 정보를 본능적으로 일관성 있게 받아들이려 하기 때문인데, 원장님은 직원 A의 면접 프레임에서 벗어나는데 한참의 시간이 걸렸다. 왜냐하면, 나긋하게 말하는 것뿐인데도 원장님은 '일을 잘하고 있구나'라고 생각했기 때문이다. 자세히 듣고 보면 나긋나긋하게 이상한 말을 하고 있었는데, 그 사람의 분위기나 목소리 톤, 뉘앙스로만 판단했다.

결국 나의 한결같은 평가로 그 직원의 '일 잘하는' 프레임은 벗겨졌지만, 깨달은 것이 있다. 초두효과와 후광효과가 미치는 영향과 파급력은 어마 무시하며, 그것들은 어쩌면 선입견, 편견, 그리고 오류일 수 있다는 것이다. 누군가는 그 후광효과로 기회를 얻게 되고, 얻지 못하게 되기도 한다.

반면, 직원 B는 원장님께 그다지 좋은 인상을 남기지 못하며 면접을 마무리했다. 심지어 면접 내용도 기억이 안 난다고 했다. 지원자가 더 없어 채용하기로 했을 정도로 무심했다. 직원 B는 첫 출근일에 처음 보는 기계 사용에 당황했다. 진료 중에 끊임없이 질문하는 원장님에게도 당황했다. 아예 모르는 눈치는 아니었지만, 대답은 잘 해내지 못했다. 그뿐이었다.

첫인상은 별로였지만 이후 일 처리는 흡족스러웠다. 꽤 오랜 기간이 지났을 때까지 어떤 일을 시키고 나면 꼭 본인이 마무리 체크를 했다. 잘 모르는 부분은 내게 체크해달라고 부탁하거나 마무리해달라고 했다. 그렇게 계속 따라다니며 업무를 체크하다 보니 B라는 직원의 업무 처리능력이 단시간 내 상승한 것을 금방 파악할 수 있었다. 이제 더 이상 내가 체크를 해주지 않아도 잘 마무리 지을 수 있게 되었다. 부족한 부분에 있어 피드백도 금방 수용하게 될 줄 아는 능력 있는 직원으로 자리매김했다. 하지만, 그것은 나의 평가일 뿐이었다. 원장님께는 여전히 믿을 만한 직원이 아니었다.

어느 날 직원 B와 면담을 하게 되었다. 아니나 다를까 원장님이 본인을 신뢰하지 못한다고 생각하고 있었다. 점점 더 위축되어가는 모습에, 나는 직원 B에게 포트폴리오를 작성할 것을 조언했다. 당시 나는 포트폴리오 강의를 하고 있었기 때문에, 피드백을 주는 것은 어렵지 않았다. 작성한 포트폴리오에는 본인의 객관화된 평가가 들어갈 수 있도록 잡아줬다.

먼저, 막연하게 '나 임시치아 잘 만든다'가 아닌, '환자분께서도 만족해하시는 예쁜 임시치아를 15분이면 세팅까지 완료한다'로 숫자화했다. 그래프와 함께 만족해하시는 분들의 성함도 함께 기입했다. 케이스별로 시간을 재서 기록하기도 했다. 그래서 처음 입사했을 때는 25분 걸리던 세팅이 이제는 '평균 15분이면 안정적으로 세팅완료한다.'라는 것에 초점을 맞췄다.

또, 본인이 재료담당하면서 절감할 수 있었던 부분을 목록으로 정리했고, 월에 어느 정도 아끼게 되었는지 숫자화했다. 자기 자랑만 해서는 설득력이 없기 때문에 실제 병원에 얼마만큼의 도움이 되는지도 수치화 한 것이다. 예전의 본인이 어땠는지, 지금의 본인은 어떤지 잘 보일 수 있도록 제작했다. 목표는 '재평가'와 '급여 협상'이었기 때문에 남들과의 비교보다는 자신과의 비교를 선택했다. 어떤 마음으로 진료에 임하는지, 각오와 다짐도 포트폴리오 안에 담았다.

사실 이 직원의 실력이 대단하게 뛰어난 것은 아니었다. 하지만, 꼼꼼함과 성실함이 있었다. 그렇기에 원장님의 신뢰를 받는 것이 더 절실했다. 꼼꼼함과 성실함은 알아주지 않으면 그냥 당연시하게 스쳐 지나갈 수 있는 것들이기도 하다.

사람을 재평가하는 것은 쉽지 않다. 특히, 직원을 재평가하는 일은 더 쉽지 않다. 이미 그 사람은 '그런 사람'이라는 프레임이 씌워졌기 때문이다.

그럼에도 불구하고, 직원 B는 포트폴리오 덕분에 재평가에 성공했다. 입사 1년이 되지 않았음에도 급여 협상에도 성공했다. 포트폴리오에 담긴 자신의 모습이 그간 보여준 자신의 모습과 일치했고, 결과물이 원장님을 설득했기 때문이다. 이후 이 직원은 지속적으로 꾸준함과 성실함을 보여주었다.

직원 B에게 포트폴리오를 제작하면서 느낀 점에 대해 물어보았더니 스스로의 모습을 돌이켜볼 수 있었고, 정비할 수 있어 좋았다고 했다. 자기처럼 평범한 사람도 어떻게 기록하고 표현하느냐에 따라 다르게 보일 수 있다는 것도 깨달았다고 했다. 그녀는 재평가에 성공하고 나서 자신감도 되찾았다.

언제 어디서든 멋지고 당당한 사람이고 싶지만, 그렇지 못할 때도 있다. 살다 보면 좋지 못한 첫인상을 남길 수도 있다. 하지만, 이미지메이킹의 첫 단추를 잘못 끼웠다고 해서 너무 속상해하지 말자. 첫인상을 바꾸는 데는 더 많은 노력과 시간이 필요하지만 충분히 바꿀 수 있다. 성공하는 사람들은, 포기하지 않고 끝까지 하는 사람들이다. 이렇게 켜켜이 쌓은 이미지들은 '나'를 완성해가는 조각들이 될 것이다.

유어셀프 종목에 성공하는 투자 전략 5단계

인생을 살며, 단 한 가지 종목에만 올인해 투자해야 한다면 그것은 단연 '나 자신에 대한 투자'일 것이다. 돈과 명예와 건강은 있다가도 없을 수 있지만, 나 자신에 대한 가치는 그렇지 않다. 내가 쌓아 올린 가치와 능력들은 남이 훔쳐 가거나, 갑자기 없어지지 않기 때문이다. 자기 자신에 대한 투자야말로 가장 중요한 투자인 셈이다.

최고의 투자는 자신을 스스로 성장시키는 것! 우리는 되고 싶은 나의 모습에 집중하고 투자해야 한다. 여기, 빠르게 길을 가기 위한 5단계의 전략이 있다.

1단계 - Know yourself

내가 지금 어떤 상태인지 객관적으로 분석하고 나의 장점과 단점은 무엇인지, 나의 강점과 약점은 무엇인지 분석해 보고 나에 대해 파악해야 한다. 지금 당장 종이를 꺼내서 반으로 접고 한쪽에는 장점과 강점, 한쪽에는 단점과 고쳐야 할 점을 적어보자. 업무적인 내용이 될 수도, 평상시의 내용이 될 수도 있다. 우선 쭉 적어보자.

2단계- Develop Yourself

자기 자신을 개발하는 시간이 필요하다. 장단점이 무엇인지 알았으면 장점은 더욱더 계발하고 나의 부족한 부분은 채워나가는 과정을 거쳐야 한다. 적어진 장점과 강점, 단점과 약점을 분류해 보자. 장점과 단점은 서류 유기적일 수 있다. 단점을 아예 지워버리면, 장점이 가려질 수도 있다. 서로 이어지는 내용인지, 단점을 장점으로 개선할 수 있는지 분석이 필요하다. 왜 그렇게 생각하는지 이유도 같이 적어보며 스스로 이해되는지 확인해 볼 필요가 있다.

그저 단점이라고만 생각했던 부분이, 어려운 상황에서 나에게 힘이 되어줄 수도 있다. 내 인생에서 도움이 되는 것들은 무엇인지, 도움을 실제로 주었던 것들은 무엇인지 잘 생각해 보고 연구하자. 나를, 내 인생을 이끌어갈 힘들을.

3단계-Package Yourself

내 장단점을 알았으면 그 장점을 더욱더 부각하고 단점은 최소화하면서 자기 자신 그럴듯하게 잘 포장을 해야 한다.

나는 짜증 나는 상황이 있으면, 말을 부드럽게 하지 못하고 표정 관리를 하지 못한다. 이것이 상사와 고객을 대할 때는 큰 마이너스가 되기도 한다. 단점이자 약점인 말투와 표정 관리를 개선하기 위해, 그렇지 않은 내용임에도 나긋하게 말하기 시작했다. 상대방을 빤히만 쳐다보지 않고, 한두 번 더 깜빡이면서 톤을 유지하려고 노력했다. 상황에 맞지 않은 웃음은 오히려 역효과가 날 수 있기 때문에 미소는 남발하지 않고 눈매만 부드럽게 풀어줬다. 다행스럽게도 코로나 시국을 맞이하여 나의 표정 관리는 마스크의 큰 도움을 얻게 되었고, 나는 어느 상황에서든지 여유롭게 프로페셔널하게 일 처리를 하는 일잘러로 보일 수 있었다.

4단계-Market Yourself

현대사회에서 우리는 모두 다 각각의 상품이다. 나를 가장 비싼 값에 사 줄 수 있는 곳, 나를 가장 비싼 값에 판매할 수 있는 곳에 나의 가치를 최상으로 올려서 판매해야 한다. 요즘에는 SNS의 활용이 대세다. SNS는 소셜 네트워킹 서비스로 온라인상에서 이용자들이 인적 네트워크를 형성할 수 있게 해주는 서비스다. '페이스북'이나 '인스타그램'

등에서 나의 다채로운 모습들을 보여주기도 하지만, 그 공간 자체가 포트폴리오가 되기도 한다. 어떤 사람은 꾸준히 시간이 기록된 사진을 업로드한다. 매일 새벽 4시에 일어나 기상 시간이 찍힌 사진을 찍고, 오전에 공부 몇 시간, 오후에 공부 몇 시간을 했는지 기록해 올린다. 계획된 일과를 실패하게 되면, 일기 형식으로 게시글을 올리기도 한다. 어떤 노력을 해서 그 결과를 얻었는지 SNS를 통해 과정부터 보여주고, 원하는 결과를 얻었을 땐 많은 사람의 축하를 받기도 한다. 꾸준함과 성실함이 많은 사람에게 어필되고, 이후에도 지속적인 게시글을 통해 본인이 성장하는 과정을 보여주기도 한다. 그렇게 쌓아 올린 것들은 단순한 인지도가 아니다. 그 자체가 '프로모션'인 셈이다.

5단계-Be yourself

이미지메이킹을 통해서 나의 어떤 모습을 만들었다면 그 모습을 진정으로 흡수하고, 사랑하고 존중해야 한다. 자신의 있는 모습 그대로를 인정하면서 그 모습에 새로운 모습을 더했을 때 그 자체로 '나 자신'이 되어야 한다.

주식에 투자하려면 그 종목에 대해서, 기업에 관해서 많은 연구가 필요하다. 그리고 베팅한다. 마찬가지로 내가 무언가가 되기를 원한다면, 나 자신에 관해서도 연구가 필요하다. 그게 첫 번째로 완료되어야 할 일이다.

우리는 누구나 성공하고 싶다. 그런데 성공하고 싶다면서 나 자신에 대한 공부는 게을리한다. 부동산, 주식, 코인 등 투자 공부는 열심히 하면서 나에 대해서는 무지하다. 내가 어떤 성향의 사람인지에 따라 투자 방식도 달라지는데 나를 모르니까 남 따라 하다가 망하는 것이다.

나를 브랜딩하고 싶다면 먼저 유어셀프, 당신 자신에 대해 분석하자. 그런 다음 과감하게 투자 하라. 당신 자신을 믿고.

'나'에 대해 생각하고,
'나'자신을 분석하고, 연구하라

드라마나 영화, TV프로그램에 나오는 연예인들을 보면서 '이지적인 이미지'. '섹시한 이미지', '환상적인 이미지'등 이름을 붙인다. 소설에서도 등장인물들을 소개할 때 글로 이미지를 연상시킨다. 처음 누군가를 만나는 자리에서 우리는 "그 사람 이미지가 어때?"라며 질문한다. 또, "저 사람 이미지는 지적이야.", "그 사람 이미지가 참 별로던데."라며 자신이 느끼는 이미지를 실제 그 사람에게 투영시키고 평가한다.

이미지의 정확한 사전적 의미는 무엇일까?'이미지'는 라틴어 IMAGO(Imitari:모방, ago:자아)가 어원으로 사전적으로는 형태나 모양, 느낌, 영상, 관념 등을 의미하며 '나'에 대해 특정한 감정을 갖게 하는 심상, 타인과의 관계에서 가장 직접적으로 영향을 미치는 것이라고 정의한다.

즉, 이미지란 다른 사람의 시선에서 볼 수 있는 '나의 모습', 타인에게 반영된 자아의 모습인 셈이다. 실은 온전한 내 모습이 아님에도 타인이 보는 내 모습이 이미지인 것이다. 내가 보기엔 본질, 타인이 보기엔 연출인 이미지는 내적 이미지와 외적 이미지로 구성된다.

내적 이미지는 모두가 알고 있겠지만, 정말 내면의 모든 것들이다. 생각, 감정, 가치관, 배경지식, 이상향, 인성이나 마음가짐, 태도들도 내적 이미지에 속할 수 있겠다. 느껴지는 것들이라고 정의하고 싶다.

반면, 외적 이미지는 실제 눈에 보이는 것들의 집합체이다. 표정, 자세, 걸음걸이, 목소리, 제스처, 스타일, 말의 내용 등 외적으로 표현되는 모든 것을 통칭한다.

이 외적 이미지와 내적 이미지는 꼭 함께 가지는 않는다. 츤데레와 같은 반전미를 내뿜으며 겉과 속이 다른 경우도 있다. 보이는 이미지는 '차가운 도시녀'인데 사실 속은 말랑말랑하고 친절하다면 이것 또한 매력적으로 보일 수 있다.

하지만 무엇이든 일치할 때 오는 파워는 어마어마하다. 내외적 이미지가 함께 어우러져 시너지를 내야 단시간에 최상의 효과를 누릴 수 있다. 누구에게나 자신의 현재 모습과 내가 원하는 미래의 모습이 있다. 현재와 미래의 갭 차이가 큰 사람이 있고, 적은 사람이 있다. 이 갭 차이를 줄이기 위해서는 의도적으로 변화시켜야 한다.

이를 기본으로 두는 이미지메이킹은 생각보다 간단하다. 다음 3가지 스텝을 따라가 보자.

첫째, 되고 싶은 나의 이미지를 설정한다.

먼저 나의 현재 이미지가 어떤 이미지인지 파악해야 한다. 나의 성격과 성향부터 라이프 스타일, 체형, 스타일링, 현재 나의 포지션과 역할까지 모두 취합해 진단을 내린다. 객관적으로 평가를 해서 목표 이미지를 설정하면 된다. 물론 내가 되고 싶은 이미지도 중요하지만, 내가 가지고 있는 매력과 사회적으로 보여야 하는 부분을 모두 고려해서 이미지를 설정해야 한다. 우리는 절대 사회와 동떨어질 수 없다. 그렇기에 내가 가진 매력을 최대한 어필하면서 사회와 잘 어우러질 수 있어야 한다.

둘째, 스타일링 등으로 이미지를 개선한다.

나를 어떻게 연출하고 싶은지 생각했다면 정말 그렇게 실행해야 한다. 어설프게 따라 하다가는 들통날 포인트들이 있는데, 바로 표정과 태도다. 겉모습은 어찌어찌 흉내를 내겠지만 은연중에 드러나는 표정과 애티튜드는 갑작스럽게 만들어낼 수 없다. 끊임없는 노력이 필요하다. 자신감 있는 표정과 당당한 태도, 그리고 행동을 보면 '와 저 사람, 자신의 일을 사랑하고 자신감이 있는 모습이 너무 멋있다'라는 생각이 든다. 또 그런 사람들의 옷차림을 보면, 신경 쓴 티가 난다. 세련되거나 정돈된 옷차림을 하고 있다. 본인이 어떨 때 매력적인지 알고 상황과 장소에 따라 맞게 스타일링을 한다. 반면 구부정한 자세에 쭈뼛거리는 태도, 눈치 보는 듯한 모습과 자꾸만 구석으로 가는 행동은 선뜻 다가가기 꺼려진다.

게다가 다림질을 하지 않거나 오염이 된 의상과 구두 등을 접어 신거나 끌고 다니는 둥, 눈치 없는 옷차림을 하는 사람은 제야의 은둔 고수가 아닌 이상 호감 가거나 신뢰도가 상승하지 못할 것이다. 패션부터 커뮤니케이션까지 모두 일치해야 이미지에 신뢰도가 쌓이고, 개선될 수 있다.

셋째, 잘 쌓아 올린 이미지를 유지하고 관리한다.

이미지가 완성되었다면, 좀 더 촘촘히 '내가 이상으로 둔 이미지'에 적합한지 재진단해야 한다. 셀프 피드백도 때에 따라 필요하다. 완벽을 위해 계속 빌드업해나가야 한다.

'이미지메이킹'은 단순히 상대방에게 호감을 주는 것이 아닌, 신뢰까지 줄 수 있도록 자신의 외형부터 마음가짐까지 변화해가는 과정이며, 자신의 개성과 본질을 바탕으로 최상의 이미지를 만들어내는 과정이라고 할 수 있다.

많은 사람이 착각하지만, 이미지메이킹은 선물 포장처럼 그럴싸하게만 만들어 내는 것이 아니다. 오히려 자신의 자아를 찾아가는 과정이다.

나는 이 방법으로 적성에 안 맞아 힘들어하던 1년 차 치과위생사에서 빠르게 실장이 되었고, 강사가 되었다. 내 동기들은 상상도 못했을 일이다. 학교 다닐 때는 무엇 하나 특출난 것 없는 평범한 학생이었는데 병원 전문 강사에 책을 쓴 작가에, 능력 있는 치과 실장이 된 모습을 보았으니 놀랄 수밖에! 지금은 모두 인정해 주지만 처음에는 낯설기도 하고 그게 가능한 일인지 놀라웠다고 한다.

아무도 내게 가르쳐주지 않았는데도 스스로 이미지메이킹을 하고, 셀프 브랜딩을 할 수 있었던 것은, 내가 잘난 사람이 되고 싶었기 때문이다. 이 욕구 하나가 나를 발전시켰다.

잘 된 사람들의 성공 방법을 내가 똑같이 한다고 해서 나도 똑같이 성공할 수는 없다. 나만의 것으로 만들어 나가며 확장시켜야 한다.

이미지메이킹을 할 때 나의 진짜 모습을 제대로 바라보지 못하고, 알지 못하면 자신에 대해 한계를 두게 되고, 부정적인 이미지를 가지게 된다. 나부터도 설득력이 없는데, 타인이 보는 나의 모습은 얼마나 설득력이 있겠는가? 자신의 모습이 다른 사람에게 어떻게 투영될지도 깨달아야 한다.

나에 대해 객관적으로 분석하고, 다른 사람의 시선에 내가 어떻게 보이는지 잘 판단해서 내가 보여주고자 하는 이미지, '나는 이런 사람이다'라고 구태여 설명하지 않아도 알아차릴 수 있도록 어필해야 한다.

이는 자신에 대해 객관적으로 분석했을 때 부족하고 모자란 부분을 거짓으로 채워 넣으며 부풀려야만 성공한다는 뜻이 아니다. 나의 어필

할 수 있는 단 한 가지를 좀 더 매력적으로 가꿔나가는 것, 부족한 부분을 캐치해 채워 넣는 것. 그것이 바로 이미지메이킹을 통한 '퍼스널 브랜딩'이다.

나는 능력 있는 치과 실장의 이미지메이킹을 위해 여러 가지 노력을 했다. 시각적으로는 헤어, 메이크업, 태도 등도 있었지만 청각적으로도 노력했다. 종합적으로 전문적인 느낌을 받게끔 스피킹에도 노력을 기울였다. 이미지메이킹 초기 셀프 분석 결과 나의 단점은 목소리가 크고, 빠르고 전문적인 용어를 사용하는 것이었다. 그래서 나는 목소리의 크기를 낮추고, 한 템포씩 쉬어가며 천천히 설명하기 시작했다. 천천히 나긋나긋하게 설명하다 보니 환자분의 표정도 확인할 수 있는 여유가 생겼고, 이해를 하지 못하거나 동의를 하지 못할 때의 표정을 캐치할 수 있게 되었다.

나의 매력은 친근감이라고 생각했다. 전문성과 친근감을 동시에 틀어쥐고 싶어 많은 시간을 고민했다. 이 결과 전문적이고 선을 그을 것 같은 첫인상과는 다르게 환자분들에게 진심으로 다가갔더니 진정성이 느껴졌다고 했다. 상담률은 자연스럽게 높아졌고, 환자분들과 직원들 모두 나를 능력 있는 실장으로 인정해 주기 시작했다.

나만의 시그니처룩

OOTD란 'Outfit Of the Day'의 줄임말로 '오늘 내가 입은 입차임'을 뜻한다. 단순히 옷차림에만 한정적인 것이 아니라 헤어, 메이크업, 액세서리 등 전체적인 스타일링을 말한다.

OOTD는 TPO를 기본 바탕으로 완성되는데 Time(시간), Plase(장소), Occasin(상황) 세 가지를 모두 고려하여 옷을 입어야 한다는 뜻으로 스타일링의 기본을 말한다.

한여름에 패딩을 입는 것, 폭설에 반바지를 입는 건 Time(시간)을 고려하지 않은 옷차림이다. 면접을 보는데 하와이 셔츠를 입거나, 출근할 때 쪼리를 신는 것, 내 결혼식이 아닌데 드레스를 입는 것은 Plase(장소), Occasin(상황)을 고려하지 않은 옷차림이다.

당연하지만 운동할 때는 운동복을 입고, 거래처 미팅을 할 때는 비즈니스룩을 입고, 격식을 차려야 할 때는 포머 웨어를 입는 것이 TPO에 적절한 OOTD가 되는 것이다.

많은 분들이 들어봤으리라 생각한다. 하객룩, 면접룩, 상견례룩, 소개팅룩, 직장인룩 이 중에 예상이 안되는 옷차림이 있는가? 하나같이 들었을 때 어떤 상황에 입는 옷인지, 어떤 옷차림인지 어떤 느낌을 가지고 있는지 예상이 된다.

예전에 신입 1년 차 때의 일이다. 면접을 보기 위해 택시를 이용했는데, 택시 기사님께서 딱 보더니 "면접 보러 가나 보네~"라고 먼저 운을 떼신 적이 있었다. 또, 결혼식이 있다고 말하지 않았는데도 나의 옷차림을 보더니 결혼식 가냐고 질문을 하기도 한다.

제아무리 개성의 시대라고 해도 사회에는 지켜야 할 규범이 있다. TPO에 맞지 않으면 언밸런스하지만, 도리에 어긋나면 기괴하기까지 하다.

나는 상대적으로 젊은 실장에 속한다. 그러다 보니 너무 어린 티를 내지 않으면서 신뢰감을 주기 위한 이미지메이킹이 필요했다. 조금 더 전문가스러워 보이는 헤어스타일, 깔끔하고 정돈된 메이크업. 여기에 가장 공을 들인 게 '옷차림'이다. 편해지더라도, 절대 편하게만 입고 출근하지 않았다.

출근룩은 지적이고 감정변화가 크지 않고, 신뢰감을 주기 위해 톤 온

톤으로 스타일링을 했다. 때문에 나의 옷장은 베이지색과 아이보리, 그레이 톤이 주를 이룬다. 이 옷차림들과 나의 이미지가 맞물려 나의 시그니처 룩이 완성되었다.

나는 곧 얼어 죽어도 출근할때는 롱패딩 대신에 롱 코트를 입는다. 발편한 운동화 대신에 발가락이 시리거나 아작 날 거 같아도 스타일에 맞는 플렛이나 구두를 신는다. 그것이 내 대외적인 이미지이기 때문이다.

나의 이미지와 함께 능력 또는 신뢰감 등 어떠한 특정 메시지를 줄 수 있는 옷차림을 자신의 시그니처 룩으로 만들어야 한다. 시그니처라는 뜻은 대표적으로 서명을 뜻한다. 보통 작가의 이름과 성명 등을 작품에 서명으로 남기는데, 이때 작품 속 서명을 '작가의 시그니처'라고 말한다. 지금은 서명을 넘어 더 확장되어 쓰이고 있다.

스포츠 선수들은 자신만의 포즈나 기술을 가지고 있는데, 이것을 시그니처 무브라고 부르기도 한다. 이처럼 우리는 사인이나 서명 외에도 행동이나 포즈 등에서도 시그니처라는 말을 사용하기도 한다.

제일 많이 사용되는 것은 역시 브랜드다. 어떠한 브랜드 자체나 상표 이름 등을 시그니처라고 표현하기도 한다. 애플, 나이키, 샤넬 등 브랜드 로고 그 자체가 시그니처가 되기도 하고 네이버의 초록색, 카카오톡의 노란색 등 대표 컬러가 시그니처가 되기도 한다.

이렇듯 기업에서 보던 시그니처는 점점 더 우리 근처에서 쉽게 찾아

볼 수 있게 되었다. 디저트 집의 시그니처 케이크, 카페의 시그니처 음료, 음식점의 시그니처 사이드 등 다른 식당과는 차별된 특별한 메뉴를 의미한다. 어떤 사람은 옷을 입을 때 꼭 붉은 계통의 액세서리를 하는데 붉은색이 자신의 시그니처라고 한다. 한때 낸시랭이 어깨에 달고 다니던 작은 고양이 인형도 시그니처다.

이처럼 시그니처라는 뜻은 어떤 사람이나 기업, 또는 브랜드를 상징하고 대표하고 그것만의 특별함을 의미하는데, 종합해 보면 나만 가지고 있는 특별한 서명, 행동 등이 될 수 있다.

스타일링은 다른 사람의 이목을 끌고 기대를 불러일으킨다. 자신의 이야기를 전달할 수 있는 하나의 방법이기 때문이다.

이미지는 실제보다 더 강렬하다. 실제 나의 모습보다, 상대에게 보이는 나의 모습이 진짜 내 모습으로 정의되기도 한다. 내가 보여지고 싶은 이미지가 있다면 스타일링을 통해 충분히 변화시킬 수 있다. 옷차림에 자신만의 무드와 메시지를 더해보자. 당신의 퍼스널 브랜딩에 톡톡한 역할을 할 것이다.

스타일링 하나만 바꿔도 이미지가 바뀐다

'넥타이의 힘'을 알고 있는가? 선거 시즌이 되면, 유명 정치인의 넥타이 색상이 언론의 이슈가 되기도 한다. 넥타이는 얼굴 바로 밑에 있는 패션 아이템이기 때문에 이미지에 아주 큰 영향을 끼친다.

1960년 대선 후보였던 케네디는 빨간색 혹은 파란색 스트라이프 넥타이를 매고 나와 젊고 강한 이미지를 각인시키고 백악관의 주인이 되었다. 이후 미국에서는 스트라이프 넥타이가 승리의 넥타이가 되었다. 이후 미국 정치인들의 경우 아예 전담 컬러리스트나 이미지 컨설턴트를 두고 있다.

고 아베 전 총리는 중요한 일정에 노란색 넥타이를 매는 것으로 유명했다. 그래서인지 노란색 이미지가 강했는데, 색채 심리학적으로 노란색은 밝고 긍정적이며, 친근한 분위기를 연출해 준다. 일각에서는 그가 장기 집권을 하는 데에 노란색 넥타이가 일조했다고 보기도 한다.

오바마 전 대통령은 파란색 넥타이가 트레이드 마크다. 파란색은 자유롭고 평화의 이미지를 가지고 있다. 그는 실제로 평화의 이미지 그대로 취임 중에 노벨 평화상을 수상하기도 했다. 파란색은 본인의 정당 상징색과 잘 맞아떨어져 그대로 그의 색깔이 되었다.

트럼프 전 대통령은 빨간색 넥타이가 자동으로 떠오른다. 빨간색은 열정을 나타내며 적극적이고 활동적인 인상을 준다. 트럼프 전 대통령 특유의 큰 동작들은 빨간색 넥타이와 어우러져 불같은 이미지와 맞아떨어졌다.

우리나라의 정치인들도 정당의 색상에 맞춰 넥타이를 선택하기도 하지만, 지지의 의미로 넥타이를 선택하기도 한다. 단순한 패션 아이템을 넘어서 자신의 정치적인 메시지를 전하는 전략이 되기도 한다.

정치가 좀 먼 이야기로 느껴진다면 조금 더 가까이서 찾아보자. '혼주 넥타이'를 아는가? 혼주별로 넥타이 색깔이 다르다. 신랑 측은 푸른색 계열, 신부 측은 붉은색 계열로 어느 쪽 아버지인지 구분할 수 있다.

스타일링은 이미지와 직접적인 관계가 있다. 눈썹 모양만 바꿔도 사나웠던 인상에서 차분한 인상으로 바뀌고, 앞머리 하나로도 전체적인 분위기가 달라진다. 또, 조명 하나만 바꿔도 바꿨을 뿐인데 매장 분위기가 달라지고, 문 하나만 바꿔도 인테리어 느낌이 달라진다. 이렇게 스타일링 하나만 바꿔도 이미지는 달라질 수 있다.

전체적인 이미지를 싹 다 드러내고 새로운 이미지로 세팅하기란 어려운 일이다. 그래서 우리는 일상생활에서 환기가 필요할 때, 작은 포인트로 변화를 주기도 한다. 그리고 그 변화는 이미지로서 상대방에게 메시지를 건넨다. 중요한 면접이 있다고, 남자친구와 헤어졌다고, 놀러 간다고, 기분전환했다고 말이다.

능력 있는 커리어우먼이 눈썹 정리도 되지 않은 상태에 화장기 없는 얼굴로 노트북 대신 노트를 찢어서 메모한 뒤 에코백에 구겨 넣는 것을 상상해 보라. 뭔가 맞지 않는 이미지에 고개를 갸웃거리게 될 것이다.

본인에게 맞는, 본인이 원하는 이미지메이킹을 하는 것도 실력이다. 지적인 이미지를 원하는데 머리를 칠렐레팔렐레 풀어헤치고, 구겨진 셔츠와 찢어진 청바지, 접어 신은 운동화는 '미스 초이스'다.

이미지 관리란 실체와 이미지가 동일하도록 메이킹 해 나가는 과정이다. 이미지 관리를 단순히 남의 옷을 입었다거나 연기로 오해해서는 안 되지만, 마찬가지로 그 이미지 관리가 허상과 거짓이 아니어야 한다. 작은 스타일링 하나로도 이미지는 충분히 변화될 수 있다. 나의 이미지와 스타일링을 항상 빌드업해나가야 한다. 마침내 내가 원하는 사람이 될 수 있도록.

제2장
나를 빛나게 하는 태도경영

내 삶을 대하는 나의 태도

의사이자 철학박사인 빅터 프랭클은 유대인으로, 나치의 강제 수용소에서 겪은 죽음 속에서 자아를 성찰하고, 인간 존엄성의 위대함을 몸소 체험했다고 한다. 그는 추위, 배고픔, 질병 등으로 어쩔 수 없이 사망할 때를 제외하고는 대부분 환경에 맞춰 하루하루 최선을 다해 살아가는 사람들을 보며 진리를 깨달았다.

혹독하고 힘든 환경에서도 가족을 떠올리고, 사랑하는 사람을 떠올리며 힘을 내 살아내는 사람들에게 남아있는 것은 무엇인가. 그들은 나치 수용소에 수용되는 것을 선택할 수 없었지만, 그 환경에서 내면의 자유를 선택했다.

시련이 없는 인생은 없다. 시련을 겪더라도 어떤 선택을 하느냐에 따라 인생이 달라질 수 있다. 우리는 인생을 살아가면서 수많은 선택지를 마주하게 된다. 여기서 어떤 선택을 하느냐에 따라 내 삶의 궤적은 180도 달라질 수 있다. 상황을 선택하지 못하더라도, 이후 주도권은 내가 잡아야 한다. 내면의 자유는, 남이 빼앗을 수 없다. 오로지 나만의 것이다.

요즘 MZ 세대의 사람들은 잘 다니던 직장을 퇴사하고 '갭 이어'의 시간을 보낸다. '갭 이어(gap year)'란 유럽과 미국의 청년들이 대학교 입학 전 혹은 취업 직전에 짜인 트랙을 벗어나 자원봉사. 배낭여행, 인턴십, 창업 등을 경험하며 앞으로의 인생은 어떻게 보낼지 흥미와 적성을 찾고 앞으로의 진로를 설정하는 기간을 뜻한다.

우리나라에서는 주로 대학에 진학 후, 대학 생활 도중 배낭여행을 다녀오거나 어학연수를 다녀오는 유사 형태의 갭 이어의 기간을 보낸다.

하지만 최근 들어 '갭 이어' 기간을 보내는 직장인들이 눈에 띄게 많아졌다. 돌연 퇴사하고 갭이어를 갖는 사람들은 어떤 마음이고, 어떤 시간을 보내고 있을까?

보통의 경우 회사의 수직관계 등 조직 생활이 맞지 않거나, 회사의 업무가 적성과 맞지 않거나, 건강의 악화, 사회생활의 피로함, 과로 등으로 갭 이어의 시간을 보내게 된다.

현명한 사람들은 선택의 스트레스를 자기 정신력으로만 극복해 내지 않는다. 환경과 상황을 도구 삼아 스트레스를 해소할 줄 안다. 한정된 정신력을 끊임없이 소비하며 결국에 멘탈까지 갉아먹는 건 '하수'이기 때문이다.

단순히 무엇을 선택해야 할지 몰라서, 혹은 그 선택이 고통스러워서 회피하며 선택을 미루거나, 방치해서는 안 된다. 그런 선택이 하루하루가 쌓일수록 주도권은 빼앗기게 되고, 이리저리 휘둘리다 멘탈이 버티지 못하고 셧다운 되어버린다.

근본적인 것을 해결해야 다시 또 스트레스를 받지 않는다. 나는 꽤 오래전 이 방법을 터득했다. 매번 감정적으로 퇴사를 결정짓지 않지만, 이번 퇴사는 스트레스 해소를 위한 퇴사였다. 스트레스의 원인이 '치과에 출근하는 것'이었기 때문에 근본적인 원인을 처리하기로 했다. 주변에서는 1년 중 11월까지 채운 내게 아깝다고 말한다. 하지만 내 생각은 그렇지 않다. 나는 그 한 달이라도 내 멘탈이 건사하길 바란다. 12개월까지 버텨서 퇴사하면 퇴직금은 받을 수 있을지언정 내 멘탈은 안드로메다로 가서 다시 돌아오기 힘들 수 있다. 돈보단 내가 먼저였다.

많은 사람이 '돈 때문에', '돈이 없어서', '돈을 벌기 위해서' 지금의 나를 혹사한다, 운동이 중요하다는 것을 알면서 단 하루 30분도 자신만을 위한 시간을 내줄 수 없다. 그 또한 사치라고 생각하며 스스로 몰아붙인다. 물론 젊을 때의 고생은 사서도 한다는 말이 있지만 그 고생이 뼈를 가르는 고통이라면 다시 되돌아볼 필요가 있다. 그저 열심히 노력하고 최선을 다해서 한다고 돈을 잘 버는 것이 아니다. 그래야만 성공할 수 있는 것이 아니다. 그렇게 3년, 5년 뼈 빠지게 일해서 남은 게 골

병이라면, 과연 그것이 잘 산 인생일까?

　나는 매 순간 나의 삶을 선택한다. 그리고 최선을 다해 선택의 결과를 받아들이고, 책임진나. 그것이 내 삶에 대한 태도다.

시들지 않는 아름다움, 내면의 힘

사람은 하루 동안에 6만여 가지의 생각을 하며 지낸다고 한다. 놀라운 사실은 이 중 95%의 생각은 어제와 같은 생각이라는 것이다. 다시 생각해 보기도 어려운 수만 가지의 생각을 하는 것도 놀랍지만, 어제와 같은 생각을 내일도 한다는 사실이 놀랍다. 생각이 우리를 지배할 수 있다. 생각하지 않는다고 해도 저절로 계속 떠오르는 생각들은 컨트롤할 수 없지만, 꾸준한 트레이닝으로 컨트롤해나갈 수 있다.

월요일 아침, 많은 이들이 월요병을 호소하며 힘겹게 일어나 출근 준비를 한다. 나 역시도 그들과 마찬가지의 월요일 아침이었다. 평소 친하게 지내던 실장님께서 '안녕하세요, 실장님. 주말 잘 보내셨어요? 신나는 월요일 아침입니다!'라고 메시지를 보냈다. 신나는 월요일 아침이라니? 동의할 수 없었지만, 이어서 온 메시지에 신기하게도 신나는 월요일이 되었다. '전혀 안 신나고 안 즐거운 월요일 아침이지만, 이렇게 아침인사를 하고 나면 신나는 월요일이 되더라고요! 즐거운 월요일을 보내시길 바라요.' 이 메시지는 공감을 넘어 감동으로 다가왔다.

감사하고 즐거운 마음으로 아침을 시작하니 신기하게도 활력으로 가득 찬 하루를 유지할 수 있었다. 뭔가 나에게 특별한 일이 생길 것만 같고, 정말 그 하루가 특별해지는 것 같았다. 그리고 긍정적인 생각의 노력이 나를 어떻게 변화시키는지 알게 되었다.

이 생각을 매일매일 유지하기 힘들 때도 있지만, 중요한 것은 긍정적인 말과 생각 그리고 그에 맞는 행동임을 기억하며 생각과 의식을 꾸준히 컨트롤해야 한다. 단기간에 바뀌지 않고, 다시 예전으로 돌아가더라도 의식적으로 생각하며 꾸준히 연습하다 보면 결국 변화하게 될 것이다.

쉴 틈 없이 바쁜 날들이 끝없이 반복되다 한계에 다다르게 되면, 어떤 사람들은 좌절하며 포기하게 되고, 또 어떤 사람들은 그럼에도 불구하고 긍정적인 마인드를 잃지 않는다. 어떤 상황에서도 긍정적인 마인드를 잃지 않는 사람들은 처음부터 강철 멘탈을 탑재하고 태어났을까?

그렇지 않다. 이들도 살아가며 삶의 자세를 유지하는 방법을 터득한 것이다. 자신이 가진 내면의 힘으로 시련을 극복하고, 도전해 나가며 긍정적이고 진취적인 삶을 살아내는 것이다. 이러한 내면의 힘은 실은 우리 모두 가지고 있다. 다만, 어떻게 그 힘을 꺼내고 사용하느냐는 본인에게 달렸을 뿐이다.

내면의 힘은, 자꾸 나를 발전시킨다. 외적인 아름다움은 잠시 잠깐일 뿐이지만 내면의 아름다움은 영원하다. 외적인 아름다움은 사람들의 시선을 끌지만, 내면의 아름다움은 사람의 마음을 움직인다. 어느 한쪽에 치우치지 않고 균형을 이루는 것이 가장 이성적이지만, 둘 중 하나를 골라야 한다면 내면을 선택할 수 있어야 한다.

자존감을 높이는 방법 5가지

살면서 진짜 자존감 높은 사람을 본 적 있는가? 내가 가깝게 지내는 지인 중에서는 단 한 명 있었는데, 그 친구는 내가 가장 자존감이 낮을 때 만난 귀인이다. 그 친구는 내가 아는 사람 중에 가장 당당하고, 멋있는 친구다. 20대 초반에 나는 치킨집에서 아르바이트를 했었는데 거기서 그 친구를 처음 만났다. 얼굴도 예쁜 친구가 손님한테도 살갑고 성격도 좋아 꽤 인상 깊었다. 그런 친구가 질투 날법도 했는데, 나는 그 친구를 참 좋아했다.

그 친구를 알면 알수록, 친해지면 친해질수록 스스로 자존감이 얼마나 낮았는지 깨닫게 되었다. 창피하기보다는 나는 왜 이 친구처럼 생각하지 못했을까 아쉬웠다.

나는 그 당시, 외모에 대한 콤플렉스도 있었는데 이 친구를 만나면서 나의 외모 콤플렉스를 이겨낼 수 있었다. 물론, 쌍커풀 수술은 피할 수 없었지만 말이다. 이 친구는 타인과 자신을 비교하지 않았다. 타인의 학벌, 재산, 가정환경, 인기, 외모, 성공 등은 그저 타인의 이야기일 뿐이었다. 굳이 자신과 비교하며 깎아내리거나, 배아파하지도 않았다.

사실 말이 쉽지, 타인과 나를 비교하지 않는 것은 어려운 일이다. 내가 원하지 않더라도 듣는 말이 타인과의 비교다. 흔히 말하는 '엄친딸'도 마찬가지다. 사람들은 비교를 하고 경쟁을 하면서 앞으로 나아가기도 하지만, 자존감이 떨어지기도 한다.

처음부터 모나고 부족한 사람들만이 자존감이 떨어지는 것이 아니다. 멋지고 당당한 사람들도 때로 여러 이유를 가지고 자존감이 떨어지기도 한다. 자존감이 떨어진 사람은 쉽게 회복하기 어렵다. '회복해야지', '털고 다시 시작해야지' 생각한다고 해서 바로 회복되는 스위치가 있는 것이 아니기 때문이다.

자존감이란 자신에 대한 존엄성이 타인들의 외적인 인정이나 칭찬에 의한 것이 아니라 자신 내부의 성숙한 사고와 가치에 의해 얻어지는 개인의 이식을 말한다. 쉽게 말해 자기 자신을 존중하고 사랑하는 마음을 말한다.

자존감 높은 사람들의 특징은 대체로 이렇다.

1. 내 모습을 있는 그대로 인정한다.

2. 타인과 비교하지 않는다.

3. 남의 기대감에 나를 맞추지 않는다

4. 감정 표현이 솔직하다.

5. 변화를 두려워하지 않는다.

6. 긍정적으로 생각한다.

나는 항상 스스로에 대해 답이 없는 고민만 했었다. 끊임없이 의식의 흐름대로 이어지는 고민은 항상 종결 나지 않고, 강제 종료됐었다. 어느 날 문득 그 친구처럼 되고 싶다는 생각이 들었다. 나를 위해서.

그때부터 자존감을 높이기 위한 노력이 시작되었다.

1. 일단 시작하기

당장 할 수 있는 일을 찾아 시작했다. '안 되겠지'라는 걱정보다 '일단 부딪혀보자'라는 무모함이 더 나을 때가 있다. 일단 무언가를 시작하고 나니 성공도 있었다. 대학에 진학하며 접었던 작가의 꿈을, 교내 대회를 통해 시작하게 되었다. 시를 한 편 써서 제출했는데 당선이 되어 상금과 함께 학교 잡지에 실렸다.

막연하게 생각했던 치과위생사에 대해 다시 생각해 보게 되었고, 국시 준비를 하게 되었다. 2년하고도 반이 지나 진도를 따라잡기 많이 힘들었지만, 새벽 3시까지 아르바이트하며 틈틈이 공부했고 결국 합격하게 되었다.

못 해서, 안 해서 미루던 일들을 일단 시작하고 보니 내가 점점 활기차지는 것을 느꼈다. 그전까지만 해도 흐르는 대로 인생에 낙이 없이 살던 내가 어느 순간부터 활력이 넘치고 주체적으로 변하는 것을 체감하게 되었다.

2. 건강하게 좌절하기

내 인생이 항상 성공만 있고, 성취만 있을 수는 없다. 자존감 높은 사람들은 좌절했을 때, 그 좌절을 딛고 일어날 줄 안다. 순간의 감정에 속지 않고 잘 추스른다. 그다음 자신의 한계를 인정하고, 재정비해나간다. 자존감 높은 사람은 행복을 향하는 삶, 시련을 이겨내는 삶을 살고 자존감 낮은 사람은 고통을 피하기 위한 삶, 시련에 굴복하는 삶을 산다고 한다. 우리는 누구든, 어떤 일에서든 좌절할 수 있다. 그때 마냥 회피하고, 시련에 굴복하지 않도록 좀 더 단단히 마음을 먹어야 한다.

앨릭스 코브라는 사람은 이런 말을 했다. "못하는 일에 초점 맞추기를 그만두면 자기가 어떤 일을 할 수 있는지 알고 놀라게 될 것이다."

한계가 있으면 어떻고, 좌절을 하게 되면 어떤가. 무엇을 잘하는지 못하는지와 관계없이 나는 가치 있는 사람이다. 못하는 것에만 매여있지 말자. 가끔 자신의 실수가 용납되지 않는, 자신에게 가혹한 사람들이 있다. 실수했을 때 자신을 질타하고 창피해하며 트라우마까지 생기기도 한다.

누구나 실수할 수 있다. 실수한 것에 매몰되지 말고 왜 실수했는지, 왜 좌절할 수밖에 없었는지 객관적으로 생각해 보며 개선을 위한 노력을 하는 것이 중요하다. 그리고 스스로 격려하자. 자기 자신을 과소평가하지 않고, 잘한 일에는 자신을 격려하고 칭찬하는 것이 스스로에 대한 신뢰를 만들어주고 자연스럽게 자신감도 형성된다. '잘 할 수 있다'라는 자신감이 쌓이면 어떤 문제든 긍정적으로 맞이할 수 있다. 실수했더라도, 실패했더라도, 좌절하더라도 그간의 노력과 과정을 통해 내가 발전했다는 것에 의미를 두는 것이 중요하다.

나는 치과위생사로서의 첫해, 굉장히 큰 좌절을 맛봤다. 학교에서는 임상과 100% 동일하게 배우지 않는다. 그렇기 때문에 처음 보는 기구도 많았고, 모르는 재료도 많았고, 기계 사용에 어려움도 많았다. 질문하는 것도 민폐였을 정도로 바쁜 치과에 취직해 힘든 나날을 보내던 어느 날 연이어 실수를 하게 되자 크게 혼났다. 그때의 분위기에 압도되어 많이 위축되고, 자존감도 낮아졌다. 출근할때는 몸이 고되서 너무 힘들고, 퇴근할때는 마음이 지쳐서 울었다. 아침저녁으로 울면서도 잘하려고, 그래도 예쁨 받으려고 항상 일찍 출근했고, 가장 늦게 퇴근했다. 지적을 받고 나면 마음이 좋지 않지만, 이걸 꼭 만회해야겠다는 생각이 들었다. 그리고 변화된 모습을 꼭 보여드리고 싶었다.

한 번 이렇게 마음을 먹고 나니 더 이상 지적에 기분 상하지만은 않았다. 내가 더 잘 되기 위한 피드백을 들었다고 생각했다. 진정한 정신 승리란 이런 것이다. 그리고, 정말 내가 승리했다. 결국에는 그 치과를 그만두게 되었지만, 이 다짐은 어떤 일이든 적용되었다. 나는 내가 낮은 연차임에도 빠르게 팀장이 되고 실장이 될 수 있었던 가장 큰 이유는 결코 운이 좋아서가 아니라, 좌절하더라도 건강하게 좌절했기 때문이라고 생각한다.

나의 세계가 뚜렷하고 튼튼하게 구축되어가면서 나는 더 이상 결과에 흔들리거나 다른 사람에게 휘둘리지 않게 되었다.

3. '작은 성취감'을 매일 쌓아가기

프랑스의 대문호 빅토르 위고는 "매일 아침 일과를 계획하고 그 계획을 실행하는 사람은, 극도의 바쁜 미로 같은 삶 속에서 그를 안내할 한 올의 실을 지니고 있는 것이다. 그러나 계획이 서 있지 않고 단순히 우발적으로 시간을 사용하게 된다면, 곧 무질서가 삶을 지배할 것이다."라고 말했다.

나는 전날 퇴근하면서 다음날 출근하자마자 할 일을 적어둔다. 그리고 다음날이 되어 출근했을 때 이어서 오늘 할 일 목록을 만든다. 전날 이 빼신 분 지혈 잘 됐는지 해피콜 하기, 나이 어린 환자분의 보호자와 통화하기, 거래처와 통화하기 등등 우선순위를 정해 목록을 쭉 나열한다. 그리고, 하나씩 처리할 때마다 선을 긋는다. 뿌듯함과 동시에 모두 다 완료했을 때 오는 성취감 때문이라도 내일로 미루지 않는다. 이렇게 일을 하면 까먹지 않고 잘 처리할 수 있는 루틴이 생긴다.

나는 매일 거창한 일이 아니더라도 하루 목표를 세워 실천해나갔다. 목표를 세분화하고, 실천하기 쉬운 작은 목표를 세워 부담감과 실패에 대한 저항을 줄여나갔다. 하루하루 성실히 일과를 완성해 나간다면, 작은 성취감은 한데 모여 나를 더 단단하게 만들어 줄 것이다.

4. '나' 자신을 표현하기

자신을 표현할 줄 아는 사람은 다른 사람들보다 주체적으로 삶을 살아간다. 내가 좋아하는 것을 즐기고 표현하기 시작했다. 예쁜 옷을 입거나 화려한 액세서리를 하며 기분전환을 하기도 했고, 다양한 문화생활을 즐기며 글을 쓰는 것에 적극적으로 임했다. '난 괜찮아', '상관없어', '너 하고 싶은 대로 해', '아무거나 괜찮아'라고 말하던 내가 '나는 노란색이 좋아'. '햄버거에서 토마토는 빼주세요' '나는 이게 더 좋아'라고 정확하게 의사 표현을 하게 될 줄 알게 되었다.

자존감이 높아지려면 주변 사람이 아닌, 내 마음의 목소리를 들어야 한다. 자기 자신을 존중하고 사랑할수록 외부의 존중과 사랑이 필요 없어진다. 그것들은 불필요한 것들은 아니지만, 나를 조종하게 두는 것을 마땅치 않다.

5. 미래의 모습을 생각하기

서른 살의 나의 모습은 어떨까 구체적으로 생각해 본 적이 있는가? 아주 어렸을 적 내가 생각한 서른 살의 나는 가정을 이뤘고, 성공한 커리어우먼이었다. 사실 현실에서 멋진 엄마와 멋진 여성을 겸한다는 것은 쉬운 일이 아니다. 그렇지만 그때의 나는 서른 살이 막연했기 때문에 아마도 이렇지 않을까? 하고 두루뭉술하게 생각했다.

스무 살 중반이 넘어가며 서른 살의 모습을 생각해 보게 되었다. 그때에는 자존감이 높아지고 있던 터라 스스로에 대한 자신감도 꽤 높았다. 그 당시 내가 생각한 서른 살의 나는 책을 내 작가도 되고, 병원 전문 강사도 되고, 능력이 있는 치과 실장이 되어야겠다고 생각했다. 그리고 나는 실제 서른 살에 모두 다 이뤄냈다.

일본 최대 컨설팅 그룹 대표인 노구치 요시아키는 "논리적으로 사고하기 위해서는 고민하는 상태와 생각하는 상태를 구분해서 이해할 필요가 있다. 이 두 가지를 구분하지 못한다면 논리적으로 사고할 수 없으며, 문제 해결에도 이룰 수 없다"라고 했다.

그는 '고민하는 상태'와 '생각하는 상태'의 차이를 문제 해결 프로세스 유무로 구분했다. 고민하는 상태는 문제 해결 프로세스가 없는 상태, 생각하는 상태는 문제 해결 프로세스가 있는 상태라고 말이다.

'고민하는 상태'와 '생각하는 상태'의 차이가 무엇인지 정의하기란 쉽지 않다. 보통은 모호한 경계선을 가지고 있기 때문이다. 고민은 마음속으로 괴로워하고 애를 태운다는 뜻으로, 문제를 해결할 수 없다. 반면, 생각은 어떤 문제의 결론을 얻기 위해서 행하는 모든 관념의 과정이라는 뜻으로, 문제를 해결할 수 있다.

고민을 생각으로 바꿔야만 문제 해결이 가능하다. 즉, 나에 대한 '고민'을 나에 대한 '생각'으로 바꿔야 한다. 스스로에 대한 정체성과 미래가 고민된다면, 생각을 정리해 실천해나가자. 어느 순간 브랜딩이 되어가고 있는 '나'를 발견하게 될 것이다.

자존감은 타인이 어떻게 해줄 수 있는 것이 아니다. 스스로 나를 들여다보고, 나를 사랑해야만 가질 수 있다. 나의 내면이 빛이 나면, 내가 가진 모든 것들이 특별하게 보일 것이다.

사람의 마음까지 사로잡는 경청의 기술

경청은 한자 기울 경(傾)과 들을 청(聽)이 합쳐진 말로 마음을 기울여 듣는다는 뜻을 가지고 있다. '경청한다는 것'은 단순히 상대방의 말을 '듣기만 하는 것'이 아니다. 알면서도 경청이 어려운 이유는 대부분의 사람들은 듣는 것보다 말하는 것을 좋아하기 때문이다. 대화 중에 이런 경험이 많을 것이다. '아니, 근데~', '그게 아니고~'.

상대방의 이야기를 듣다가도 자신의 생각과 다르면 나도 모르게 즉각적으로 반박을 하게 되는 것이다.

산업 안전 대사전에 이르면, 상대방이 전달하고자 하는 말의 내용은 물론 정서와 마음에 귀를 기울여 듣고 이해된 바를 상대방에게 피드백 하여 주는 것을 말한다. 이러한 효과적인 커뮤니케이션은 현대사회에서 매우 중요한 처세술이다.

가만히 듣고만 있는 것이 아니라 온 힘을 다해 그 사람의 마음까지 들어야 하기 때문에 경청은 결코 쉽지 않다. 하지만 제대로 해낸다면 상대방의 의중을 이해하고, 커뮤니케이션 오류로 인한 낭비를 줄일 수 있다.

경청이란 상대방의 말을 잘 들어주며, 동시에 가벼운 응답과 제스처를 통해 '너의 말을 이해하고 있어'라는 신호를 전달하여 상대방이 대화에 집중할 수 있도록 하는 것이다. 이때 티키타카가 잘 맞고, 대화의 흐름 속에서 상대방의 의도를 명확히 파악했을 때 대화의 희열이 일어난다.

경청을 위해서는 최우선으로 경청할 수 있는 환경이 갖추어져야 한다. 최소한 집중도가 흐트러지지 않는 환경을 만들어야 한다. 병원에서 근무하다 보면, 상담실에 들어가지 않고 데스크에서 간단하게 상담하는 경우가 종종 있다. 보통 이런 경우는 환자분의 질문으로 시작되곤 하는데, 대화가 길어질 줄 모르고 대답하다가 이어져 상담까지 진행되는 경우가 많다. 데스크에서 상담을 하다 보면 환자가 내원하거나 전화가 오는 등 방해요소가 너무 많기 때문에 대화가 끊어질 수밖에 없다. 이런 경우, 대화 장소를 선택할 수 있는 상황이라면 상담실이나 미팅룸 등 분리된 공간으로 이동한다. 또 상대방의 대화에 집중할 수 있도록 밖의 상황은 의식적으로 내려놓아야 한다.

이렇게 경청하고, 집중할 수 있게 된 여건이 만들어진다면 망설이지 말고 상대의 대화 흐름에 올라타야 한다. 생각보다 간단하다.

대화 중 고개를 끄덕이는 것과 같은 제스처를 함으로써 비언어적 신호로 상대방에게 경청하고 있음을 표현할 수 있다. 적절한 타이밍에 웃어주거나, 놀라거나, 추임새를 넣어준다면 아주 훌륭하다.

지금까지 상대방의 이야기에 흥미를 가지고, 동의한다는 긍정적인 표현을 했다면 이제 그 대화에 '나'를 인식시켜야 한다. 이 과정이 생략된다면 그저 듣기 평가에 불과하기 때문이다. 나는 센스 있는 질문을 던지는 것이 이 대화의 키포인트라고 생각한다. 이 질문에는 '내가 당신의 말을 듣고 이해했어'라는 것이 내포되어야 한다. 단순히 "네","아니오"로 답변 받는 폐쇄형 질문을 하는 것이 아니다. 여기서 좀 더 많은 정보를 이끌어 낼 수 있는 개방형 질문을 해야 한다는 것이다. 좀 더 나아가 내가 듣고 싶은 대답을 듣게 된다면, 오늘의 경청은 200% 성공한 셈이다.

대화에서도 클로징이 필요하다. 경청의 핵심은 결국 상대방이 하고자 하는 말을 이해하는 것이기 때문에 상대방이 말한 내용을 나의 언어로 요약할 수 있어야 한다. 이해에 오류가 있는지, 수신이 잘 되었는지 확인하는 것이다. 이때 대화의 맥을 끊지 않으면서도 키워드를 찾아야 한다.

경청은 단순한 예의나 매너만이 아니다. 의도된 커뮤니케이션 스킬이기도 하다. 그러므로 우리는 경청의 기술을 터득해야만 한다. 이 작은 기술들은 별것 없어 보이지만, 모이면 대단한 힘을 갖게 되는 빛나는 처세술이다.

협상할 때도, 컴플레인을 해결할 때도, 피드백을 줄 때도, 설득할 때도 이 작은 스킬들을 기억했다가 써보길 바란다. 아마 높은 확률로 일이 잘 처리됨을 몸소 체감할 수 있을 것이다.

표정의 시그널을 잡아라

표정의 시그널을 알고 있는가? 얼굴 근육을 움직여 표현되는 몸짓언어인 '표정'은 사전적으로는 '마음속에 품은 감정이나 정서 따위의 심리 상태가 겉으로 드러나거나 드러내는 모습'이지만 일반적으로는 얼굴에 감정이 드러난 모습을 뜻한다. 사람들은 대체로 상대의 얼굴 근육의 움직임을 보고 그 사람의 감정을 추측하기 때문이다. 즉, 표정은 안면 근육으로 표현하는 몸짓언어라고 할 수 있다.

사람의 기본적인 표정은 감정에서 나온다. 기쁠 때는 활짝 웃기도 하고, 고통스러울 때는 찡그리기도 하며 자연적으로 표출된다. 그 표정을 보고 상대방은 나의 감정을 짐작하기도 한다. 본능적으로 탑재된 인간의 감정 표현이기도 하다.

포커페이스를 유지할 새도 없이 자연적으로 드러나는 표정이 있는 반면, 나의 의지로 표정을 지을 수 있는 방법 또한 있다. 의아한 표정을 지을 때는 눈썹을 위로 치켜뜨기도 하고, 슬프지만 괜찮다며 입꼬리를 당겨 미소를 짓기도 하고, 진실 되지 못한 눈물을 흘릴 수도 있다.

우리는 상대방의 표정에서 긴장, 화남, 기쁨, 우울, 아무 생각 없음 등 많은 시그널을 읽을 수 있다. 이는 반대로 나의 표정에서 상대방에게 시그널을 보낼 수 있음을 뜻한다.

상대방은 말의 내용보다 자신감 있는 표정, 눈빛, 제스처에 기민하게 반응한다. 알버트 메라비안 박사는 사람을 판단할 때의 세 가지를 시각적 이미지, 청각적 이미지, 말의 내용이라고 했다. 바로 그 유명한 '메라비안의 법칙'이다. 사람은 시각적 이미지 55%와 청각적 이미지 38%, 그리고 말의 내용 7%로 사람을 판단한다고 한다. 언어적 커뮤니케이션보다, 비언어적 커뮤니케이션이 작용하는 것이 더 크다는 뜻이다.

진상 손님을 맞닥뜨렸을 때, 가볍게 미소 띤 얼굴로 응대할 수 있지만 막상 그 미소를 손님은 기분 나쁘다고 지적할 수 있다. 그랬을 때 마냥 어쩔 줄 몰라 연신 죄송하다고 말하며 다음 대응을 하지도 못한 채 주도권을 빼앗기는 것과, 표정을 지우고 "불편을 드려 죄송합니다."라고 침착하게 말한 뒤 다음 대응을 하는 것과는 결과가 달라질 수 있다.

단상 위에 올라서 누가 봐도 처음 강연하는 것처럼 심호흡을 한다며 크게 한숨을 연거푸 쉬는 것과 살짝 미소를 머금고 청중에게 편안함을 주는 것은 똑같은 내용의 강연을 하더라도 평가 자체가 달라질 것이다.

"자신감 있는 표정을 지으면 자신감이 생긴다."

영국의 생물학자인 찰스 다윈의 말이다. 우리나라에도 비슷한 말이 있다. '웃으면 복이 온다'. 어떤 행동을 먼저 하게 되면 그 행동이 마음가짐과 동일하게 된다는 의미다.

긴장되거나, 앞서 발생한 컴플레인에 감정이 좋지 못하더라도 우리는 연습과 관리를 통해 표정을 갈무리하고 지어낼 수 있어야 한다. 그 짧은 순간에 상대방을 부드럽게 휘어 감싸야만, 내가 압도당하지 않을 수 있다. 나의 표정으로 상대방에게 시그널을 보내자. 나는 잘 해낼 수 있고, 그렇기 때문에 자신감 있는 사람이라고.

시그널의 오류, 그 갭을 줄여라

표정에는 수많은 시그널이 있다. 기쁨, 행복, 즐거움, 고통, 슬픔, 괴로움, 화남 등 아무리 감추려고 해도 표정에 드러나게 된다. 표정에도 공통적인 표정의 시그널이 있는 반면에 예측할 수 없는 표정의 시그널도 존재한다. 혹은, 눈치채지 못한 시그널이 있다.

원래 표정이 무뚝뚝한 사람도 있고, 밝은 사람도 있고, 화난 것 같이 무서운 사람도 있다. 이것은 그저 주변 환경이나 가정 등 각자의 환경에 맞게 진화된 표정의 일부일 뿐, 실제 자기감정이나 생각이 아닐 수도 있다. 시그널을 함부로 단정 짓게 되면 곤란하다는 뜻이다. 자칫 감정의 오해로 번지는 순간 상대방과의 거리는 다시 좁히기 어려울 수 있으니 주의해야 한다.

나는 맨 처음 데스크 실장이 되었을 때, 이 부분이 가장 어려웠다. 주로 알아차리기가 어려웠던 시그널은 바로 '어르신 언어'를 사용하시는 분들이셨다. 특이사항으로는 모든 어르신분들이 사용하는 것이 아니기 때문에, 진짜 감정과 잘 구분해야 하는 것이 포인트다. 이를 빼고 가시는 어르신께 다음날 소독은 가능하신지 여쭤봤더니, "시간 없어! 바쁜데 뭘 또 오라 가라 해!"라고 답하셨다. 보통은 기죽기 마련이지만, 나는 N년차의 치과 실장이기 때문에 좀 더 유연하게 답변했다. "그러시면 소독은 어려우시니, 괜찮으신지 안부전화만 한번 드릴까요? 지혈 잘 되셨는지 확인하고, 통증 어떠신가 여쭤볼게요."라고 말했다. 이쯤 되면 괜찮은 응대였다고 생각했고, 사실상 거의 모든 답변은 "네 알겠어요."이었기 때문에 이번에도 그렇게 대답하리라 생각했다. 그런데 들리는 답변은 조금 달랐다. "아, 됐어! 시간 낭비 하지 마." 옆에서 같이 듣고 있던 직원은 환자의 대꾸에 놀랐지만, 나는 이게 어르신 언어라는 것을 알아챘다. 그래서 바로 "앗, 그럼 제가 조금 한가할 때 안부전화만 슬쩍드릴게요~"라고 대답했다. 그러자 환자분께서는 "그러던가 뭐~"하시면서 웃으면서 나가셨다. 환자분께서 말씀하신 시간 낭비는, 바쁠테니 본인은 신경쓰지 말고 일 보라는 뜻이었다.

나는 여전히 기민하게 알아차리기 어렵고, 서비스 업종에 계시는 분들 또한 바로 캐치하기 어려울 수 있는 부분이다. 만약, 내가 '어르신어'라고 생각하지 못하고, 그대로 받아들여 예민하고 감정적으로 행동하게 되었다면 상황은 커졌을 것이다. 보통 화내는 것 같지만, 실제로는 화내는 것이 아닌 게 포인트다. 하지만 상대방이 알아차리기도 어렵고, 알아차리더라도 모른 척할 수도 있다.

반면에, 나갈 때까지 나쁘지 않은 목소리 톤과 표정으로 일관되었던 고객이었는데 무슨 이유에서였는지 컴플레인 리뷰를 올렸다. 내가 놓친 시그널은 무엇일까 아무리 생각해 봐도 떠오르지 않았다. 나의 응대와 상관없는 진료에 대한 컴플레인이었지만, 내가 캐치하고 미리 설명드렸거나 불편한 감정을 해소시킬 수 있었다면 더 좋았을 것이다.

첫인상은 마치 성난 황소처럼 화만 내고 무뚝뚝한 줄만 알았는데 그렇지 않은 고객을 겪기도 하고, 그저 평범하고 무난한 성격의 사람인 줄 알았는데 본인 말만 정답이고 정의라고 생각하는 진상 고객을 겪기도 한다.

브랜딩도 마찬가지다. 어떤 형태든, '첫인상'은 꽤 강렬하다. 그 프레임은 한번 씌워져버리면 뒤늦게 벗어나려 발버둥 쳐도 쉽게 탈피하지 못한다. 잘못된 꺼풀이 벗겨지는 데는 굉장한 시간이 소요된다. 원래 꼼꼼하고 계획적인 사람인데 그날따라 잠을 설쳐서 컨디션이 좋지 않아 실수를 했을 때 마침 그 실수한 모습을 처음 본 사람에게 나는 '준비성 없는 사람'이 될 수 있다. 거기다 생각지도 못한 어이없는 실수를 하는 나의 표정은 현타와 경악스러움으로 드러날 수 있다. 내 표정이 리얼했기에 내 표정이 주는 시그널을 보며 '평상시에도 실수가 많은 사람'이 될 수 있다. 전혀 프로페셔널하지 못한 표정의 시그널인 셈이다.

시그널의 오류를 바로잡기 위해서는 표정, 태도, 행동 관리는 필수다. 실수를 해도 아무렇지 않게 표정은 온화하게, 머릿속은 해결책을 찾기 위해 빠르게 두뇌 풀가동을 하는 것이다. 물 위의 백조는 우아하지만, 물 밑의 다리는 빠르게 발길질을 한다. 하지만 사람들은 백조의 고고하고 우아한 모습만 기억에 남는다. 실수를 하더라도 금방 바로잡아서 해결한다면 처음 본 사람은 내가 한 실수는 잊고 내가 해결한 일만 기억에 남게 된다.

11월의 어느 날 교통 정체로 버스를 꽤 오래 탔던 적이 있다. 추운 날 히터는 감사했지만, 점점 뜨겁기 시작했다. 그래서 나는 기사님께 "기사님~히터 좀 줄여주세요. 녹아내릴 거 같아요."라고 말했다. 나는 위트 있게 잘 말했다고 생각했는데, 남편은 버스에서 내리자마자 그 얘기를 하며 내게 '듣는 입장에서는 녹아내릴 거 같다는 표현이 별로일 수도 있을 거 같다.'고 했다.

사람들의 시그널은 제각각이다. 겉에 드러나는 것들로 우리는 그 시그널을 파악할 수 있지만 파악하지 못하는 것도 존재하고, 그 오류에서 실수를 할 수도 있다. 마찬가지로 내가 보내는 시그널은 사람들이 단번에 이해할 수 있지만, 이해하지 못할 수도 있다.

개인이기 때문에 사람들이 보는 나의 모습에 갭이 있어도 된다고 생각할 수 있지만, 퍼스널 브랜딩을 하는 사람들은 그 오차 범위를 줄여나가는 것이 중요하다. 어느 정도는 일맥상통 되어야 '나'라는 존재 자체가 브랜드가 될 수 있기 때문이다.

일회성 고객을 내 편으로 만드는 비밀

앞서 말했듯, 나는 치과에서 총괄실장이었다. 주 업무는 상담이 아니었지만, 상담의 비중이 꽤 컸다. 특히 재 상담 시에는 환자분들께서 먼저 '최 실장님께 상담받고 싶어요'라며 상담을 예약하고, 상담이 종료된 후에는 원장님도 안 뵙고 가는 경우도 허다했다. 보통 이런 경우는 진단은 이미 나왔는데 그 금액이 커서 단번에 진행하지 못하고, 타 병원과 비교해 본 뒤 다시 상담을 요청하는 경우였다.

꽤 오래되었지만, 환자들의 덴탈 아이큐가 높아졌다. 그럴 뿐만 아니라 전반적으로 의료에 관한 관심이 높아졌다. 임플란트 가격 문의만 하더라도 예전에는 "임플란트 1개에 얼마예요?"라고 물어봤다면, 지금은 "이는 7월에 뺐는데 뼈이식해야 한다고 했어요. 여기는 임플란트

랑 뼈이식 금액이 어떻게 되나요? 홈페이지를 보니, 오스템 임플란트를 사용하던데 맞춤 지대주와 지르코니아 크라운 해서 79만 원이 맞나요?"라고 전문용어를 먼저 사용하는 환자들이 많아졌다. '맞춤지대주'와 '지르코니아'라는 단어는 치과 종사자라면 어렵지 않은 단어지만, 환자로서는 꽤 공부를 많이 한 티가 나는 단어이다. 이만큼 환자들의 지식은 점점 더 넓고 깊어져 가고 있다.

환자들에게 중요한 것은 더는 '금액'만이 아니다. 이제는 제공하는 의료수준이 높고, 좀 더 나에게 관심을 두는 병원을 선택한다. 이와 더불어 선택하기 전 몇몇 군데의 상담을 받아보게 되는데, 이때 다른 치과와 비교한다는 사실을 숨기지 않는 것이 요즘 트렌드다.

한두 군데 비교의 수준이 아니라 8~9개, 많게는 열몇 군데까지 다녀와 보신 환자분들도 꽤 많이 계신다. 여러 개의 병원 중에 우리 병원이 선택된 이유는 무엇일까?

이유는 여러 가지가 있겠지만, 다른 병원과 비교 후에 다시 우리 병원을 선택하신 분들은 모두 상담에서 마음이 기울었다고 한다. 덧붙여 '실장님 때문에 이 병원을 선택하게 되었어요'라는 말을 듣게 되면, 굉장히 뿌듯하고 중대한 책임감까지 생긴다. 내가 이렇게 일회성 고객을 내 편으로 만들 수 있었던 비밀은 사실 별것 없다. 누구나 할 수 있는 것들로 나와 고객과의 관계를 특별하게 만들 뿐이다.

첫 번째, 인사하는 것에 집중한다.

고객과의 대화의 시작은 사실 말을 하면서부터 시작되는 것이 아니다. '마주하면서부터' 시작된다. 정확하게는 고객이 문을 열고 들어오면서부터 대화가 시작되는 것이다. 말을 건네야만 대화하는 것이 아니다. 우리는 행동으로도 대화를 할 수 있다는 것을 간과해서는 안 된다. 그중 '인사'에 관해 말하려 한다.

문을 열 열고 들어온 고객과 마주했을 때 우리는 '안녕하세요', '어서 오세요' 등의 인사부터 건넨다. 이때 우리는 진정성 있는 인사를 했는가 돌이켜봐야 한다. 진정성 있는 인사는 두 손을 모으고, 허리 각도를 맞춰 머리를 숙이는 인사가 아니다. 격식이 중요한 것이 아니라 고객을 맞이하는 마음이 겉으로 표현되어야 진정성 있는 인사가 되는 것이다.

코로나19 사태로 모두가 마스크를 착용해 단골손님이나, VIP를 한눈에 알아보기 어렵기도 하지만 그래도 집중력을 발휘해 인사를 해야 한다. 잠깐을 마주하더라도 반갑게 맞이해주는 인사는 상대방의 마음을 따뜻하게 한다.

특히, 병원과 같이 진료를 보는 곳이라면 더더욱 그렇게 맞이해 주어야 한다. 치료에 걱정되고 긴장되었던 마음이 따뜻한 인사에 사르르 녹기도 하니 말이다. 첫인사로부터 고객의 마음을 편안하게 하고, 마지막 가는 순간까지 집중하다 보면 어느 순간 환자와 라포 형성이 되어있기 마련이다. 진심이 담긴 인사 하나로 연대감이 쌓이고 상대방을 기쁘게 할 수 있다.

인사는 해도 그만, 안 해도 그만이라고 생각하는 공공기관이나 의료기관들이 참 많다. 점점 더 인사가 생략되고 있다.

단 한 번의 인사로 상대의 눈도장을 찍고, 마음을 사로잡을 수 있는데 하지 않는다면 그 사람은 빠른 길을 모르는 사람일 것이다.

두 번째, 대화에 집중한다.

고객과의 모든 대화에 단서들이 숨어있다. 그러므로 집중해야 한다. 그리고 적절한 타이밍에 필요한 질문을 던진다. 이때 질문은 생각나는 대로 하는 것이 아니라 전략적으로 해야 한다. '무슨 질문하는데 전략까지 세워?'라고 생각할 수도 있겠다. 하지만 대답의 폭이 광범위하거나 '네', '아니오'로 대화가 끝난다면 원하는 답을 유추하기 어렵고, 유도하기도 어렵다.

나는 '전문가로서 정보를 말해주는 것' 이것이 핵심이다. 나는 정보를 제공하며 고객의 이해를 돕기 위해 힘쓰고 결정권은 고객에게 주는 것이다. 고객이 여러 정보에서 헤매지 않고 최대한 쉽게 선택할 수 있는 가이드 역할을 해야 한다.

세 번째, 상담의 중심을 매출과 홀딩이 아닌, 가치에 두어야 한다.

'가치'란 인간 행동에 영향을 주는 어떠한 바람직한 것, 또는 인간의 지적·감정적·의지적인 욕구를 만족시킬 수 있는 대상이나 그 대상의 성질을 의미한다. 당일 상담만 하고 가시는 환자가 며칠 후 다시 재상담을 요청하는 비결은 무엇일까? 그 비결이 바로 '가치'다.

상담 시에 환자의 치료를 그저 '매출'이나 '실적'으로 생각하지 않고, '고객 만족'과 '최상의 진료'에 가치를 두고 상담한다면 어떨까.

알고 있겠지만, 가치는 내가 정하는 것이 아니다. 환자분이 정하는 것이다. 다만, 나는 약간의 도움을 줄 뿐이다. 치과에 방문하는 사람들의 니즈와 가치는 모두 제각각일 수밖에 없다.

돈이 없는 사람은 당장 불편감 해소밖에 할 수 없다. 본인의 치아가 좋지 않음을 충분히 인식하고 있고, 임플란트 몇 개 해야 되는지도 알고 있지만, 현재 여유가 되지 않아 치료를 미룰 수밖에 없기 때문이다. 이 사람의 욕구를 만족시킬 가치는 '최소한의 불편감 해소'이다. 정확하게는 '최소한의 비용으로' 불편감 해소일 테다.

치료를 한 번 실패해 본 사람의 욕구를 만족시킬 가치는 '꼼꼼하고 정확한 진료'이다. 오래 걸리는 것과 비용이 우선순위가 아니다. 오래 걸리더라도 제대로 치료받고자 한다.

치과 치료가 무서운 사람의 욕구를 만족시킬 가치는 '편안함'이다. 통증과 치료가 무섭고, 걱정되지만, 심적으로 믿고 의지할 사람이 있다면 결국 용기 내 치료받게 된다.

나는 치과에 방문하는 환자분들에게 실장님이라고 가장 많이 불렸지만, '이슬님'이라고도 꽤 많이 불렸다. 원장님이 아닌, 고작 상담해 준 '나' 때문에 치료를 결정하시기도 했다.

원장님이 아닌 고작 상담해 준 '나' 때문에 치료를 결정하시기도 한다. 그럴 때면 어떠한 사명감이 불타오른다. 초면인 나를 믿고 흔쾌히 '내 덕분에' 치료를 결정하게 되었다고 말하는 환자분의 치료를 꼭 최선을 다해 마무리 지어야겠다고 말이다.

상담하는 사람이 상대방의 이야기는 듣지 않고, 본인의 전문성만 어필하며 금액 이야기만 나열한다면 그 치과는 앞으로 잘 나아갈 수 없다. 그 치과에서 라포 형성이 될 수 없을 뿐만 아니라, 환자분은 확신을 가지고 치료를 받을 수도 없다. 하지만 대화와 상담을 통해 상대방의 이야기에 경청하고, 공감하며 다가간다면 그들은 기꺼이 당신의 팬이 되어줄 것이다.

멋지게 늙어가는 방법

사람은 누구나 태어나 죽어간다. '살아간다'라는 뜻은, 죽어간다는 뜻과 같다. 죽음은 아무도 피해 갈 수 없으며 이 사실을 모르는 사람은 없다. 나는 나를 브랜딩 하기로 마음 먹은 뒤, 죽음까지도 완벽해지고 싶다는 생각을 했다. '멋지게 늙어간다면 죽음 앞에서 좀 더 초연해질 수 있지 않을까?'라는 생각.

죽음 앞에서 "아 그때 그거 해볼걸."이라는 후회를 남기고 싶지 않다. 마지막까지 멋지게 장식하는 것이 나라는 브랜드가 완성되는 최종본이라고 생각한다. 멋지게 늙어가는 것에도 방법이 있다. 내가 생각하는 멋지게 늙은 사람들은 대체로 이렇다. 나 역시 이렇게 늙어갈 테다.

첫째, 상대방을 먼저 존중할 수 있는 사람이다. 소위 '꼰대'가 아니어야 한다. 내가 겪은 경험만이 세상 모든 경험에 대한 답이 아니며, 내 생각만이 정답이 아니다. 나이가 들어서 사회적지위가 높아지고 경험이 풍부해지더라도 다른 이의 경험과 생각을 존중해 줄 수 있는 사람이 멋지게 늙어가는 사람이라고 생각한다.

둘째, 배움이 창피하지 않은 사람이다. 때때로 무지해서 되려 무례하게 상대방을 대하거나, 모른다는 것을 감추기 위해 큰소리를 내기도 한다. 모르는 것은 창피한 일이 아니다. 남의 시선 때문에 배우려거나 알려고 하지 않는 것이 창피한 일이다. 교과서도 개정판이 계속 나오는데 계속해서 지식을 업그레이드하는 것은 당연하다.

셋째, 후회했다면, 거기서 멈추지 말고 앞으로 나아가는 사람이다. 나이가 들수록 본인의 실수를 인정하고, 바로잡는 것이 더 어렵다고 한다. 그건 젊은 사람들도 마찬가지다. 본인의 실수를 인정하기도 어렵지만, 바로잡고 해결하는 것은 더 어려운 일이다.

넷째, 여유를 아는 사람이다. 이는 금전적 여유가 될 수도, 마음의 여유가 될 수도, 시간의 여유가 될 수도 있다. 바쁘게 살아가다 보면 보이지만 보이지 않는 것들이 있다. 알고는 있지만 다음을 위해 모른체하고 넘어가는 다른 우선순위들이 있다. 때로는 이것들이 먼 훗날에 눈에 밟히기도 한다. 모든 것을 다 경험할 수는 없지만 적어도 선택할 여유는 있어야 한다.

다섯째, 선택에 책임을 지는 사람이다. 우리는 모든 순간, 선택한다.

오늘 내가 웹툰 하나만 읽기로 해놓고, 4시간째 웹툰을 보느라고 할 일을 못 하게 된 것도 선택이다. 그 선택에 대한 책임은 새벽까지 이어졌다. 어떤 것이든 선택했다면 우리는 '나 몰라라' 하지 않고 책임을 질 수 있는 어른이어야 한다.

사실 어떤 멋지게 나이 든 사람을 보면서 '와 나도 저렇게 늙어야겠다'라고 생각하며 멋지게 늙는 방법에 대해 생각했다기보단, 추악한 행태를 하는 사람을 보며 '저렇게 늙진 말아야지'하는 마음이 더 컸다.

소설이나 영화를 보다 보면, 의미 있는 죽음을 하는 반전 캐릭터들이 있다. 그들은 스토리 상에서 주인공을 괴롭히거나 방해하는 사람이기도 하고, 숨겨진 조력자이기도 하다. 그들이 그럴 수밖에 없었던 이유와 함께 캐릭터가 재조명되며 별 볼 일 없던 사람들이 갑자기 죽음으로 인해 매력 있는 캐릭터가 된다. 그런데, 그 삶이 멋진 삶이라고 할 수 있을까? 매력은 있을지 몰라도 그 삶 자체는 멋지지 않다.

물론 우리는 '매력 있는 반전 캐릭터'가 되기 위해 죽을 필요는 없다. 멋진 삶을 사는 것과 멋지게 늙어가는 것은 같거나 다를 수 있다. 멋진 삶에 대한 저마다의 기준이 다르기 때문이다. 어떤 이는 'Flex'를 하는 것을 멋진 삶으로 보고, 어떤 이는 희생과 봉사를 하는 것을, 어떤 이는 도전하는 것을 멋진 삶으로 보기 때문이다.

그러나 그 삶들이 죽음까지 이어질 수도, 아닐 수도 있다. 우리의 삶도 마찬가지다. 일정하고 잔잔하게 이어가질 수도, 갑자기 운명이 바뀔 수도 있다.

내가 내 삶의 기준을 세우고 그 신념대로 흔들림 없이 가는 것. 그것만큼 멋진 게 있을까? 내 인생을 바로잡으며 가지 않으면 멋지게 늙어가지 못할 수도 있다. 멋지게 늙어가길 원한다면, 그렇게 될 때까지 나만의 브랜딩을 하자. 멋지게 늙어가는 방법은 이렇다.

1. 보다 더 멋지게 나이 들기 위해 기술을 연구한다.

나이 드는 것은 자연스러운 현상이다. 1년 365일 누구에게나 동일하게 다가오는 시간을 덧없다 생각하지 말고, 그저 세월의 유한성을 받아들여야 한다. 늙어가는 것을 피할 수 없지만, 보다 더 멋지게 늙어가는 것은 선택할 수 있다.

젊음과 늙음은 무조건 반대되는 것이 아니며, 좋다 싫다를 정할 수 없다. 다만, 기력이 다 쇠한 후에서야 '젊었을 때 그렇게 살걸' 하지 않고, 지금부터 우아하고 품격있게 나이들 수 있는 기술을 연구해야 한다. 그것은 지식이 될 수도 있고, 인품이 될 수도 있으며, 직업이 될 수도 있다. 자기 객관화를 하는 것, 자체 검열을 하는 것은 쉽지 않은 일이다. 하지만, 나의 부족한 것을 장점으로 바꾸는 것은 엄청난 메리트가 있는 기술이 된다. 늙어감을 받아들이되 진짜 잘하는 것, 좋아하는 것을 극대화하고, 내가 보여주고자 하는 이미지를 구축하면서 그렇게 행동하고 말하고 살아가는 것이다.

2. 경청을 권리이자 의무로 생각한다.

살아가며 자연스럽게 터득한 것들, 경험하며 얻은 지식과 노하우들은 사실 개인의 것만일 수도 있다. 그것이 모두에게 정답이 아니라는 것이다. 그러므로 타인의 상황과 입장에 경청하고 마음을 열고 들어야 한다. 요즘 시대에 다 듣지도 않고, 본인 말을 더 많이 한다면 '꼰대'라고 말한다. 사람들은 남의 이야기에 관심이 없다. 그러다 보니 더더욱 '내 이야기를 들어줄 사람'을 찾는다. 이야기만 잘 들어주어도 멋진 사람, 멋진 어른이 된다.

현대사회는 급변하고 있다. 30년 전의 직장 생활과 현재의 직장 생활은 다르고, 사회가 다르다. 꼰대 소리를 듣지 않으려면, '요즘 세대는 그렇다'라고 단정 짓지 말고 경청하는 것을 의무로 하자. 그래야 나의 오래된 경험과 입장도 경청 받을 권리가 생기는 것이다.

3. 가치와 행동의 차이를 극복한다.

나의 삶에서 가치가 있는 것은 무엇인가 생각한다. 그리고 행동한다. 가치 있는 행동은 어떤 어려움이 있어도 해내는 것이다. 내가 하루에 한 장 책 쓰기를 통해 내면의 기반을 다지고자 한다면 직장 일에 찌들어도 써내야 한다. 또 건강의 필요성을 느낀다면 식단 조절과 운동을 해야 한다. 여기서 하지 못하고 폭식하거나, 눕는 행동은 가치와 행동의 차이를 극복하지 못한 셈이다. 행동하고 경험하지 않으면 어떤 일도 일어나지 않는다.

4. 늘 배우고 경험한다.

현대사회와 젊은 사람들은 변화에 민감하다. 하루가 다르게 트렌드가 바뀌는 만큼 우리는 몸과 마음을 유연하게 두고, 재빨리 적응하고 받아들인다. 그런데 이렇게 노력하다 어느 순간부터는 하지 않게 된다. 노력하지 않아도 어느 정도 자리를 잡고 나면, 알아서 삶이 돌아가고 꼭 그것들에 힘쓰지 않아도 별일이야 없기 때문이다.

하지만, 사실은 그 순간부터 도태되는 것일지도 모른다. 안정적인 삶에서 연장되는 도태 아닌 도태인 것이다. 늘 배우고, 젊은 사람들과 공존하기 위해 소통하는 사람들은 도전하는 것에 두려움이 없고, 새로운 꿈을 꾸는 것에 기쁨을 느낀다.

5. 더 멋지게 나이 들 수 있는 자유를 선택한다.

이는 결국 자기 자신에 대한 자신감에서 비롯된 선택이다. 예로 들면, 시골에 사는 우리 아버지는 청바지를 입는다. 거의 동네의 젊은 사람을 맡고 있어서 멋 부리면 알아봐 줄 사람들이 없지만, 종종 그렇게 입곤 한다. 외모 변화는 생활 태도에도 영향을 미칠 수밖에 없다. 카톡 이모티콘은 또 어떤가. 두 딸보다 많다. 아버지의 이런 젊음의 노력은 처음에는 노력으로만 보였지만 지금은 실제로 젊게 사는 것처럼 보인다. 또래보다 어려 보이기도 하고, 함께 사는 어머니가 큰 영향을 받기도 했다. 더 멋지게 나이 들 수 있는 자유는 사실 별게 아니다. 작은 사소한 것이라도, 그렇게 마음먹었다면 된다.

'멋지게 늙어가는 법'이라고 거창하게 썼지만 실은 지금 이 시대를 사는 우리들의 이야기다. 나이가 많든 적든 삶을 대하는 태도는 이와 같아야 한다고 생각한다. 지금을 즐기자면서 플렉스를 외치고, 자기 자신을 돌보지 않고 내팽개치는 모습들을 많이 본다. 그러다 나중에 깨닫고 움직이는 사람이 있고, 여전히 인생을 즐긴다는 핑계로 방치해 노년에 힘겹고 슬프게 살아가기도 한다.

미국의 39대 대통령 지미 카터는 행복하게 나이 드는 방법으로 건강, 봉사, 배우기, 일하기, 그리고 마지막 순간에 맞서기 등을 제시했다. 그는 '인생이란 점점 확대되는 것이지 축소되는 것이 아니다'라고 말하면서 꿈 대신 후회가 시작되는 순간부터 늙기 시작한다고 했다. 또, 미국 시인 시어도어 로스케는 '너의 젊음이 너의 노력으로 얻은 상이 아니듯 나의 늙음도 내 잘못으로 받은 벌이 아니다'라고 했다.

찰나의 순간들이 켜켜이 쌓여 세월이 된다. 마냥 나이 드는 것이 아니라 청년이나 노인이 아닌 그저 열정적인 사람이 되고 싶다. 살아가는 방법은 다양하고, 또 미지의 세계에 정답은 없겠지만 나만의 삶을 선택하는 것에는 후회가 남지 않도록 하자. 그것이 진정 '나'로서 살아가는 것이고, 멋지게 늙어가는 방법이다.

또한, 그것이야말로 진정 나라는 '브랜드'다.